우리의 걸음걸음에 빛이 있었다

나됨

우리의 걸음걸음에 빛이 있었다

지은이: 김웅은
초판일: 2004년 6월 3일

펴낸이: 최송구
펴낸곳: 도서출판 나됨
http://www.nadoem.co.kr
주소: 서울시 은평구 신사동 361 삼부 406호
전화: 02) 373-5650, 016-771-5650
팩스: 02-372-5650
등록번호: 제8-237호
등록일자: 1998. 2. 25
편집·제작 책임: 김이리

값: 10,000원

저자와의 협약하에 인지를 생략합니다.
ISBN 89-88146-43-3 03230

회/고/록

우리의 걸음걸음에 빛이 있었다
Steps led by the Light

김용은 목사

여는 글

나의 삶은 외로웠습니다.
어린 나이에 아버지를 잃고 외로웠습니다.
아버지를 불러야 할 때
부르지 못하는 마음이 외로웠습니다.
다른 아이들이 아버지를 부르며 달려가는 모습을 보고
뒤돌아서야 하는 아픈 마음이 외로웠습니다.

그러나
외로워할 시간도 없었습니다.
배가 고팠기 때문입니다.
외로움은 배고픈 사람에게 해당이 되지 않습니다.
어언 여든일곱 계단에 올라섰습니다.
이제 마지막 종소리가 가까워 오고 있습니다.

이제는 외로움·배고픔을 떠나 그리움에 있습니다.
그리움은 외로움이나 배고픈 것보다 더 강합니다.
나의 사랑하는 어머니와 가족들이
기다리고 있는 곳입니다.
이곳은 눈물도 배고픔도 없는 곳입니다.

나의 걸음걸음에 빛이 있었습니다.
이 은혜를 나누고 싶습니다.
마음으로 쓰는 글이기에 마음으로 전달되기를 바랍니다.
외롭고 배고픈 사람들에게
하나님의 인도하심이 있기 때문입니다.

2004년 6월

김용은 목사

추천의 글

후배 목회자들의 귀감이 되는 순교자적 신앙

임동선 목사(월드미션대학교 총장)

인생을 살면서 좋은 친구와 오랫동안 사귐을 갖는다는 것은 큰 축복입니다. 김용은 목사님과 저는 50여 년 동안 신앙의 동지로 형제처럼 지내왔습니다. 그가 시무하신 군산 중동교회에서 부흥회를 여러 번 인도하였고, 그의 동생 김용칠 목사님이 시무하시던 전주 태평교회에서도 집회를 인도하면서 그리스도 안에서 형제애를 나누었습니다.

목사님의 가정은 순교자의 가정입니다. 6·25 때 공산당에 의해 모친 윤임례 집사와 그의 가족 22명이 순교를 당했습니다. 이 중에는 김용은 목사님의 둘째 아들, 동생 내외, 그리고 조카 3명도 포함이 되었습니다. 인간적으로는 상상할 수 없는 큰 아픔이었으나, 절망을 믿음으로 극복하고 주님이 주신 사명을 위해 다시 일어서셨습니다.

　군산에서 중동교회를 개척하여 38년 동안 혼신을 다해 교회와 성도님들을 섬기다가 은퇴하셨습니다. 그 후 교도소선교 · 어민선교 · 외항선선교 · 노인선교 · 장애우선교 · 도서선교 · 직장선교 등 쉬지 않고 활동하셨습니다. 하나님께 대한 충성과 헌신은 나이를 초월하여 계속될 수 있음을 보여주셨습니다.

　목사님이 목회활동은 열정적이었습니다. 한번 결심한 것은 무슨 일이 있어도 관철하는 의지력과 추진력이 계셨습니다. 서울 여러 교회에서 청빙했으나 한 교회에서 마지막까지 오직 한 마음으로 섬기셨습니다. 성결교회 총회장으로 당선된 후 전국 교회를 다니며 교단의 누적된 빚을 해결하고 총회를 안정시킴으로써 오늘날과 같이 발전하는 데 크게 기여하셨습니다. 은퇴하실 때는 새 성전을 봉헌하고 아름답게 사역을 마무리하셨습니다. 목사님은 오늘날까지 변함없이 목회자의 길을 걸어오셨고 많은 후배 목회자들의 귀감이 되어 오셨습니다.

　제가 김용은 목사님을 좋아하는 것은 그분의 섬김의 삶이 아름답기 때문입니다. 이명직 목사님과 이성봉 목사님과 같은 어른들을 극진히 모셨을 뿐 아니라, 어려운 이웃들을 지성으로 보살피셨습니다. 전신불수가 된 공라헬 전도사님을 가족이 아님에도 불구하고 8년 4개월 동안 집에서 하늘나라에 가실 때까지 모셨습니다. 그의 곁에는 항상 병든자·고아·과부·장애우들이 있었고, 이들을 그리스도의 사랑으로 보살펴 주셨습니다. 그분의 삶 속에서 그리스도의 모습을 볼 수가 있었습니다. 목사님이 가지신 순교적인 신앙의 유산과 섬기는 삶을 기리기 위하여 미국에 있는 월드미션대학교는 목사님에게 명예신학박사 학위를 수여하기도 하였습니다.

참목자상을 보여주신 김용은 목사님께서 이번에 '우리의 걸음걸음에 빛이 있었다'라는 회고록을 출간하게 되었습니다. 목사님의 삶을 많은 사람들과 나누기를 원했는데 이 책이 그 역할을 하게 되어 매우 기쁩니다. 이 책을 통하여 하나님이 인도하신 목사님의 삶을 만난다면 우리는 큰 은혜와 도전을 받을 것입니다. 많은 사람들이 이 아름다운 도전을 통해 주님이 기뻐하시는 삶을 살아가기를 원합니다.

세상을 진실되고 아름답게 살기를 원하는 모든 사람들에게, 이 책을 기쁜 마음으로 추천합니다. 마음의 양식이 될 것이며 인생의 지표가 될 것입니다. 하나님의 축복이 독자들에게 임하기를 기원합니다.

2004년 5월(가정의 달, 미국 LA에서)

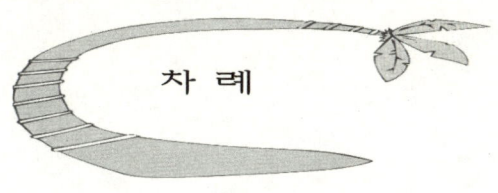

차 례

여는 글 ··· 김용은 목사 /5
추천의 글 ··· 임동선 목사 /7

1장 하나님을 아버지로 ☆ 15

1. 아버지는 조선의 선비, 한량이었다 /17
2. 아궁이 불빛으로 책을 읽던 머슴 /22
3. 처음으로 교회에 나가다 /27
4. 폐결핵을 고침받다 /36

2장 빛의 인도함을 받다 ☆ 43

5. 빛의 인도를 받아 일본에 가다 /45
6. 일본에서 공부를 하다 /57
7. 흥남에서 돈을 벌다 /62
8. 신사참배를 거부하다 고문당하다 /68
9. 해방을 위해 기도하다 /74
10. 고아원을 시작하다 /80

3장 주의 종의 길 ✦ 85

11. 신학교에 입학하다 /87
12. 신학교 시절
    －이명직, 이성봉, 김구 선생에 대한 추억 /92
13. 임동선 목사와 사상강연을 다니다 /99
14. 졸업 전 특별기도회를 하다 /105
15. 6·25를 맞다 /111
16. 동생 용채가 먼저 순교를 당하다 /117
17. 어머니, 순교하시다 /126
18. 순교한 사람들 /133
19. 다비다선교회를 만들다 /143

4장 중동교회를 개척하다 ✦ 149

20. 빛과 천사의 인도로 중동교회를 개척하다 /151
21. 첫 교회와 신자들 /163
22. 교회건축, 그리고 나의 목회 /170

5장 다양한 사역들 ※ 177

23. 농, 맹아학교를 열다 /179
24. 교도소선교 /181
25. 한 신학생에 대한 기억 /193
26. 성도들과 함께 살다 /197
27. 공라헬 전도사님에 대한 추억 /205
28. 어부지리로 총회장이 되다 /208
29. 이 겨울을 따뜻하게 하소서 /214
30. 의정사 발간 /219
31. 나의 소망 /222

■ 축하와 감사의 글 /227

- 느헤미야 같은 목사님 - 임용희 장로 /229
- 잊을 수 없는 사랑 - 홍순영 목사 /232
- 닫으면서 /234
- 감사와 영광을 - 김영곤, 김헌곤 /236

1장 하나님을 아버지로

1. 아버지는 조선의 선비, 한량이었다 /17
2. 아궁이 불빛으로 책을 읽던 머슴 /22
3. 처음으로 교회에 나가다 /27
4. 폐결핵을 고침받다 /36

1. 아버지는 조선의 선비, 한량이었다

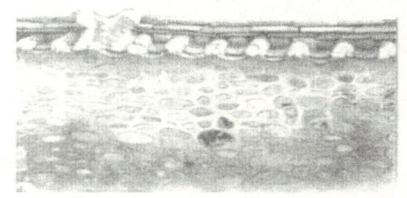

나는 1918년 5월 10일, 전북 정읍의 한 시골 마을(소성면 애당리)에서 태어났다. 국권침탈이 이루어진 지 8년이 지났고, 3·1운동이 일어나기 한 해 전이었다.

일제는 한반도에 대한 야욕을 노골적으로 드러냈고, 나라를 빼앗긴 이 땅의 백성들은 비운의 나날을 보내야 했다.

그 시절을 살았던 모든 사람들이 다 그랬겠지만, 내 유년의 기억 가운데 가장 강렬하게 각인된 기억은 단연 배고픔이다. 어린 나는 잠자는 시간이 가장 행복하였다. 배가 고픈 느낌을 다소나마 잊을 수가 있었으니까. 잠자는 시간을 뺀 나머지 시간 전체가 배가 고팠다. 그래서 아이들은 물을 자주 마셨다. 물로 배를 채우면서 잠시 허기를 속이는 것이었다.

아버지는 한량이었다. 내 기억 속의 아버지는 평생 동안 특별한 직업을 가져본 적이 없었다. 아버지는 그 시절에는 드물게 글을 익힌 조선의 선비여서, 학식도 많았고 의식도 깨인 사람이었다. 그러나 조선은 망했고, 아버지의 공부는 그 쓰임새도 사용처도 잃고 말았다.

물려받은 재산이 있는 것도 아니었던 아버지는 생계의 문제가 심각하셨을 것이다. 흙을 만지며 일을 해 보지 않은 아버지에게 농사일이 손에 붙지도 않았겠거니와 그에게는 아예 농사를 지을 땅 뙈기조차도 없었다.

아버지는 겨우 장터에서 사람들의 거래를 중계하는 정도의 일을, 그것도 요청이 있을 때만 하셨던 것 같다. 물론 그런 요청이 많았을 리 없었고, 그리고 그런 일로 가족을 부양할 만큼의 돈을 벌었을 리도 없다.

그는 시대에 좌절했고, 그래서 노상 술을 마셨고, 여기저기 떠돌아다니며 자신의 인생을 한탄하며 탕진했다. 아버지는 불쑥 집을 나갔다가 한참 만에 돌아오곤 했다. 집에 있을 때는 대개 술에 취해서 지내셨다. 시대가 아버지를 떠돌이로 만들고 술꾼으로 만들었다는 사실을 나중에야 알았다.

이런 어려운 시기에 집안의 살림을 책임진 사람은 어머니였다. 어머니는 생활력이 강했고 효심이 지극했고 자식들에 대한 책임감이 남다르셨다. 당시의 사회형편은 피폐했고, 요즘처럼 여성들의 일거리도 많지 못했다.

어머니는 남의 집에 가서 베틀 일을 도와주거나 밭을 매 줘 가며 몇 줌 안 되는 식량을 얻어다 우리 가족을 먹여 살리셨다. 그것이 충분할 리 없었기 때문에 우리는 언제나 배가 고팠다.

양조장의 술 찌꺼기를 걷어다 끓여서 먹기도 했고, 심지어는 사람이 세상을 떠나서 상갓집 앞에 차려놓는 이른바 사자밥을 가져다 먹기도 했다. 어머니는 그런 우리를 보며 자주 눈물을 흘리셨다. 어머니는 다른 집에서 일하고 돌아오실 때 자신의 몫을 드시지 않고 우리를 위해 고스란히 음식을 싸 오시곤 했다. 그것도 모르고 우리는 어머니 몫도 남기지 않고 허겁지겁 먹어치우곤 했다.

효심이 지극하고 자식들에 대한 책임감이 남달랐던 어머니는 자신은 굶으면서도 가족들의 끼니를 챙기셨다. 특히 귀한 음식이라도 있으면 가장 먼저 시어머니께 대접하셨다. 귀한 음식이 있을 까닭이 없는 시절이었지만, 그래도 좀 먹을 만한 음식이 생기면 어머니는 반드시 할머니께 먼저 드렸다.

"엄마, 나도…."

"안 돼. 너희들은 커서 얼마든지 좋은 음식을 먹을 수 있지만, 할머니는 이제 연세가 많이 드셔서 그럴 기회가 별로 없으셔. 저리 가."

어머니는 이렇게 말씀하시며 우리를 나무라셨다.

그 당시에는 그런 어머니가 몹시 원망스러웠다. 왜냐하면 우리도 언제나 배가 고팠기 때문이다. 집안을 별로 돌보시지 않는 자유로운 기질의 아버지 때문에 더 그랬겠지만, 어머니는 우리 자녀들에게 매우 엄격하게 대했다. 어머니는 아버지 역할까지 하셔야 했고, 실제로 그렇게 하셨다. 잘해 주실 때는 한없이 다정하고 너그러우셨지만, 우리가 무슨 잘못을 하거나 버릇없는 행동을 할 때면 여지없이 매를 드셨다.

몸을 돌보지 않는 불규칙한 생활과 쌓인 울분이 아버지의 건강을 상하게 했다.

내가 열두 살 무렵에 아버지는 폐결핵에 걸리셨다. 워낙 어려운 형편에다가 아버지마저 병에 걸려 몸져눕게 되시면서 집안 사정은 말할 수 없이 곤궁해졌다. 내가 보통학교를 잠깐 다니고 중단한 것은 그 때문이었다. 천원보통학교는 입암면에 있었는데, 우리 집에서 거리가 25리나 떨어져 있었다. 거기다가 산을 둘이나 넘어야 했다. 그 길을 매일 넘어서 학교에 다녔다. 그래도 배우는 것이 재미있어서 조금도 힘든 줄 몰랐다. 모르는 것을 하나하나 배워 갈 때마다 내 머릿속에 지식의 방들이 더 많아지는 것 같아서 마음이 뿌듯했다.

그래서 학교를 그만두어야 했을 때 내 실망은 이루 말할 수 없이 컸다.

'장남인 내가 우리 집안을 책임져야 하는데…. 그러자면 공부를 해야 하는데…. 배움도 없어서야 어떻게 사람 구실을 할 수 있을까.'

나는 막연하게나마 이렇게 가족에 대한 책임감을 가지고 있었기 때문에, 학교를 다닐 수 없게 된 현실이 더욱 안타까웠다.

같은 이유로 서당도 3개월 정도밖에 다니지 못했다. 공부를 하는 대신에 남의 집에 들어가서 일을 거들어 주고 끼니를 해결하는 처지가 되었다. 그러나 나는 책을 읽고 싶었고 공부를 하고 싶었다. 공부를 할 수 없게 되었다고 생각하니까 더욱 하고 싶어졌다. 어떻게든 공부를 하고 싶은 마음에 남의 집 일을 해가며 한문책을 읽었다.

2. 아궁이 불빛으로 책을 읽던 머슴

나는 열두세 살 무렵부터 남의 집 일을 시작했다. 어머니는 매일 힘에 버겁도록 일을 하셨고 동생들은 너무 어렸다. 내가 가장 노릇을 해야 했는데, 부칠 땅이 없는 우리 집으로서는 남의 집 일을 거들어 주는 것말고 다른 벌이가 없었다. 손이 부르트도록 가마니를 짜서 장에 내다 팔기도 했지만 수입은 변변찮았다. 그래도 한 푼이라도 더 벌기 위해 많은 짐을 지게에 지고 간다.

"쯧쯧, 어린것이 저러다가 뼈가 부러지는데…."

사람들은 지나가면서 이렇게 말하곤 했다. 내 손이나 발이 다른 사람들보다 큰 것은 아마 어려서 일을 많이 했기 때문일 것이다.

하루도 빠짐없이 낮에 그런 고된 일을 하고 나서도 밤에는 책을 읽었다. 그 무렵의 기억으로 가장 선명한 것은 남의 집 아궁이에 불을 때면서 책을 읽었던 일이다. 옛날에는 지금과 달리 해가 지면 완전히 암흑 천지였다. 전기는 당연히 들어오지 않았고, 호롱불을 마음껏 켜고 사는 집도 찾아보기 어려웠다. 군불을 지피거나 소의 여물을 쑤느라 아궁이에 불을 땔 때면 그 주변이 환해졌다.

나는 그 불빛에 의지해서 천자문과 동몽선습과 통감을 읽었다. 물론 뜻도 잘 몰랐지만 줄줄 외울 수 있을 때까지 읽고 또 읽었다. 공부를 할 수 없게 된 처지에 대한 약간의 대리만족은 되었다.

비관하고 포기하는 대신, 나는 주어진 조건 속에서 최선의 길을 찾았다. 무리수를 취하지도 않았다. 그리고 그 조건 안에서 내가 할 수 있는 최대한의 노력을 경주했다. 그것은 80평생 동안 나를 지켜준 내 인생의 철학이었다.

'과분한 욕심을 내지 않는다.
오직 성실과 인내로 주어진 일에 최선을 다한다.
그리고 그 결과는 하나님께 맡긴다.'

열네 살 무렵부터는 장터에서 잡화상의 점원으로 일했다. 그러나 밥을 얻어먹는 정도에 지나지 않았다. 자나깨나 내 머릿속에는 돈을 벌어야 한다는 생각밖에 없었다.

'어린 동생들과 병든 아버지! 어려운 집안의 살림살이를 일으켜 세울 사람은 나밖에 없어!'

이런 생각을 할 때면 책임감 때문에 절로 어깨가 무거워졌다. 어떤 피맺힌 노력을 쏟아서라도 나는 꼭 부자가 되고 싶었다.

'돈을 벌자! 그래서 이 지긋지긋한 배고픔과 가난으로부터 벗어나야 해! 어린 동생들에게 배불리 먹여 주고, 아버지께도 좋은 치료를 받게 해 드려야지!'

두 주먹을 부르쥐고 나는 결심을 하곤 했다. 그러자면 공부를 해야 했고, 시야를 넓혀야 했고 고향을 떠나야 했다. 고향 마을에서는 돈을 벌 길이 없다는 사실을 나는 알고 있었다. 땅도 없고 돈도 없는 처지라서 농사를 지을 수도 없었고, 구멍가게 같은 장사도 할 수 없었다.

'무엇을 해서 돈을 벌까?'

늘 머리가 아프도록 그 궁리를 하며 해를 맞고 달을 맞았다. 그러나 뾰족한 수는 쉽게 떠오르지 않았다.

폐결핵을 앓으시던 아버지는 4년 만에 돌아가셨다. 마흔 살, 아직 한참 일할 나이였다. 아버지가 세상을 떠나셨을 때, 나는 겨우 열네 살이었고 내 밑으로는 어머니의 뱃속에 있는 아이까지를 포함해서 5남매가 있었다. 아버지는 우리 6남매와 어머니와 가난과 감당할 수 없는 빚을 남기고 세상을 떠나셨다. 장남인 내가 이제 명실상부한 이 가정의 가장으로 생계를 이끌고 빚도 갚아야 했다.

'실질적인 가장의 역할을 해야 하는데, 그러나 어떻게…?'
생각할수록 앞길이 막막하기만 했다.

열여섯 살 때, 나는 이발소 조수로 일했다.
내가 그때까지 전전했던 일 가운데 가장 괜찮은 일자리였다. 그전에는 잔심부름이나 허드렛일을 거드는 정도에 불과했다. 나이가 어린 탓도 있었지만, 할 만한 일이 없었기 때문이기도 했다. 끼니를 해결하는 것으로 만족했을 뿐 보수는 기대할 수 없었다.
그런데 이발소에서는 아주 작은 급료이지만 보수를 지급해 주었다. 그것이 내 마음을 흡족하게 했다. 일을 해서 돈을 받는다는 것은 기분 좋은 일이었다. 사실 아무것도 아니었지만 나는 금방 부자라도 될 것처럼 마음이 설레었다. 보수도 보수지만 무엇보다도 이발 일은 기술이 있어야만 할 수 있는 일이었다.
'기술이 있으면 취직도 할 수 있어.'
여기서 이발 기술을 꼭 배워 놓아야겠다고 결심했다.

나는 이발소 안의 청소를 하고 사람들의 머리를 감기는 등 잔심부름을 하면서 짬짬이 어깨 너머로 이발 기술을 배웠다.

어떻게 해서든 돈을 벌어서 가난을 면해야 한다는 일념에 사로잡혀 있었으므로 주어진 일을 성실히 했다. 그러자 주인도 나를 좋아하고 신임했다.

시간이 지난 후에는 거의 지배인처럼 나에게 이발소를 맡기고 밖에 외출을 나가기도 했다. 그리고 가끔씩 내게 이발 기술을 가르쳐 주기도 했다. 하마터면 나는 이발사로 살 뻔했다.

3. 처음으로 교회에 나가다

이발소에서 지냈던 그 기간을 소중하게 기억하는 것은 그때 내가 거기서 많은 돈을 벌었기 때문이 아니다. 열예닐곱 살짜리 조수에게 이발소 주인이 돈을 주면 얼마나 주었겠는가. 그렇다고 이발 기술을 배웠기 때문도 아니다. 돈이나 기술보다 훨씬 더 소중하고 가치 있는 것을 그 이발소는 나에게 선물했다. 내 인생을 바꿔 놓은 일이 그때 일어났기 때문이다.

바로 교회에 첫 발을 들여놓은 사건이었다.

이발소 집 아주머니는 인근 천원교회의 집사님이었다. 그분의 이름을 지금도 또렷이 기억하고 있다.

어떻게 잊겠는가, 나를 교회로 인도한 분의 이름을!

나에게 이제까지와는 다른 새로운 인생을 살게 한 분을!

김금주 집사님(캐나다 이주).

하나님은 나를 당신의 종으로 부르시기 위해 이발소에 취직하게 하신 거라고 나는 생각한다. 그리고 김금주 집사님을 내게 보내셨다. 하나님의 일하시는 방식이 어떠하신지 이제는 안다.

하나님은 사람을 통해 일하신다. 하나님은 사람을 통해 일으키고 쓰러뜨리고 축복하고 저주하신다. 돌이켜 고백하건대 내 인생에서 우연이란 없었다. 모든 것이 하나님의 섭리와 인도였다. 다만 그것이 하나님의 섭리요 인도라는 사실을 깨닫지 못하고 지나쳤던 순간이 있었을 뿐이다.

김금주 집사님이 내게 교회에 가자고 권유했을 때, 내 첫 번째 반응은 시큰둥했다. 그도 그럴 것이 내 관심은 오로지 가난으로부터 우리 가족을 건져 내는 데 집중되어 있었기 때문이다. 돈을 벌고 부자가 되는 것, 그것보다 더 절박하고 중요한 일을 나는 알지 못했다.

거기다가 기독교는 낯설고 거부감마저 있었다. 집안 친척들 가운데 기독교를 접한 이가 없었을 뿐 아니라, 건성으로나마 익힌 동몽선습과 통감 같은 한문책들에 의해 나는 나도 모르게 어느 정도 유교적인 가치관에 물들어 있었다. 막연하지만 기독교는 서양 귀신을 섬기는 나쁜 종교라고 생각했다.

"용은이 총각, 한 번만 나를 따라와 봐. 우리를 구원하실 분은 오직 하나님 한 분뿐이야. 진리를 알아야 해. 한번만 따라와 보라니까. 가서 말씀을 들어 보고 알아서 해. 그 다음에는 다니든지 말든지 상관 안할게."

그분의 청은 간곡했다. 자기 밑에서 일하는 나이도 어린 사람에게 그렇게 간절하게 부탁하는데 번번이 거절하기가 미안했다. 번번이 거절함으로써 공연히 주인의 미움을 사지 않을까 걱정스러운 마음도 없지 않았다. 그래서 생각 끝에 인사 삼아 그분의 청을 들어주기로 했다.

'까짓 거, 한 번 가주지, 뭐. 그 정도 부탁이야 들어줄 수 있잖아? 한 번 나가고 나서 다니든지 말든지 알아서 하라고 했으니까, 한 번만 나가 주고 그리고는 안 나가 버리면 되지, 뭐.'

어디까지나 주인의 입장을 생각해서 내린 결정이었다. 인사치레로 한 번만 가주고 안 나가면 되겠다는 마음이었다. 그 정도 일도 못 해줄까 싶었다. 그래서 못 이기는 척하고 따라나섰다.

그것이 내 생애 첫 교회 출석이었다. 그 첫걸음이 내 인생을 바꿔놓을 줄 누가 알았겠는가!

신자들이 기도하는 소리를 듣고 있는데 이상하게 가슴이

찡해 오면서 까닭을 알 수 없는 전율 같은 것이 온몸에 흘렀다.

'왜 그러지?'

그 이유를 가만히 생각해보니 사람들이 하나님을 '아버지'라고 부르는 호칭 때문이었다. 기도할 때 사람들은 '하나님 아버지' 하고 부르면서 시작했다.

"하나님 아버지, 이러이러한 일이 있습니다. 저희를 도와주십시오."

"하나님 아버지, 누구누구가 아픕니다."

"하나님 아버지, 셋째가 집을 나갔습니다."

"하나님 아버지, 비가 오지 않아서 걱정입니다. 하나님 아버지, 이러다가는 올해 농사를 망치게 생겼습니다. 도와주십시오."

정말로 아버지에게 아뢰듯 이것저것 상의하고 부탁하고 호소하는 것이었다.

그런 모습은 좀 낯설었지만 한편으로는 이상하게 마음을 설레게 했다. 가슴이 뭉클해지기까지 했다.

'나는 언제 아버지에게 저렇게 말해 본 적이 있던가? 저렇게 무얼 상의하고 부탁하고 애원해 본 적이 있던가?'

고개가 저절로 저어졌다. 단 한 번이라도 그런 기억이 없었다. 다른 아이들이 아버지의 손을 잡고 어딘가로 가는 모습을 보며 부러워했던 적이 한두 번이 아니었다. 나도 아버지의 손을 잡고 어딘가 놀러 가고 싶었다.

그러나 이제는 그럴 수도 없었다. 전에도 그런 적이 없었지만, 이제는 아예 그럴 수 있는 가능성이 없었다. 아버지는 이미 이 세상 사람이 아니었다. 내가 아버지를 필요로 할 때 아버지는 늘 곁에 안 계셨다. 아버지는 자주 집을 비우셨던 탓에, 때때로 손님처럼 여겨지기도 했다.

시대를 잘못 만나 어디에도 마음을 붙이시지 못하고 여기저기 떠돌아다니시던 아버지는 병을 얻어 고생하시다가 여섯 자녀와 가난과 빚만 남기고 돌아가셨다.

더구나 나는 장남이었다. 어찌 되었거나 한 가정을 이끌어 가야 할 중대한 책무가 내게 주어져 있었다. 비록 어린 나이였지만 나는 항상 그 중압감을 느끼고 있었다. 그렇지만 내게는 그 무거운 짐에 대해 상의하고 부탁하고 애원할 아버지가 없었다.

하나님을 '아버지'라고 부르며 자신들의 고민거리를 털어놓는 신자들의 모습이 나의 가슴을 뭉클하게 했다. 상의하고 부탁하고 애원할 아버지가 그곳에 있었던 것이다.

그 점 때문에 나는 교회에 마음을 빼앗겼고, 한번 가는 것으로 끝낼 수가 없었다. 나는 몇 번 더 따라 나갔고, 그리고 어느 날 하나님이 저들의 아버지이기만 한 것이 아니라 나의 아버지이기도 하다는 확신에 이르렀다.

　설교자가 요한복음 1장을 읽고 하나님은 사랑이라는 요지의 설교를 했다.
　예수님을 영접하는 자, 곧 그 이름을 믿는 자들은 누구든지 하나님을 아버지라고 부를 수 있는 특권이 주어져 있다고 말했다. 예수님을 믿는 자들은 하나님의 자녀가 되고, 하나님은 그들의 아버지가 된다고 말했다. 다른 조건은 없다고 했다. 하나님을 아버지라고 부를 사람이 따로 정해져 있는 것이 아니라고 했다.
　그 말을 듣는 순간 가슴이 격렬하게 뛰었다. 코끝이 시큰해지면서 눈물이 나오려고 했다. 나는 큰 소리로 "아버지!" 하고 외쳤다. 막혔던 가슴이 뻥 뚫린 것처럼 기분이 상쾌했다. 그 순간 나는 내가 간절하게 아버지를 찾고 있었다는 사실을 깨달았다.
　하나님은 창조자이시고 만유의 주이시고 절대자이시고 왕 중의 왕이시지만, 그러나 그때 이후로 나에게 하나님은 나의 아버지가 되셨다.
　나는 하나님이 아버지라는 점이 마음에 든다. 마음속의 걱정과 고민을 들어주고 사랑을 베풀어 주는 아버지! 내게는 그런 아버지가 너무나 필요했다.

교회에 가면 나는 엎드려서 아버지의 이름을 불렀다. 아버지를 부를 수 있다는 사실이 그렇게 좋을 수 없었다.
"아버지, 아버지, 아버지, 아버지…!"
이렇게 부르다 보면 나도 모르게 눈물이 났다.
나는 점점 더 교회에 가는 일이 즐거워졌다. 그러다 보니 자연스럽게 교회에서 보내는 시간이 더욱더 많아졌다. 마음이 답답하거나 우울하거나 할 때는 교회에 가서 아버지를 불렀다. 그리고 기쁜 일이 있을 때도 어김없이 교회에 가서 아버지를 불렀다.
지금 생각해 보면 교회에서 발견한 '아버지'라는 존재가 나를 믿음 안으로 이끌었던 것 같다. 이제 더 이상 아버지의 부재 때문에 슬퍼하는 일은 없었다. 나의 아버지는 어느 아버지보다 자상하시고 위대하신 좋은 아버지였다. 나의 아버지는 세상을 다 가지고 계신 분이었다.
나는 어머니에게 내가 찾은 아버지에 대해 말씀드렸다. 하나님을 '아버지'라고 부르는 일이 얼마나 즐겁고 신나는 일인지를 감격에 차서 전했다.
어머니는 본래 종교심이 강한 분이셨다. 새벽에 장독대에 맑은 물을 떠놓고 누군지도 모르는 신에게 정성껏 비는 모습을 나는 여러 번 목격했다. 아마 우리 가문과 자녀들을 잘 되게 해 달라고 기원한 것이리라.

거기다가 어머니는 명색 장남인 나를 어느 정도 신뢰하고 계셨다. 아버지 역할까지 하느라고 자식들에게 엄격하게 대하셨지만, 그러면서도 장남인 나에게는 각별하게 대하셨다. 기회 있을 때마다 어머니는 나에게 우리 집안을 일으킬 장남이라는 사실을 상기시키셨다. 어머니는 장남인 나에게 걸고 있는 기대가 크셨다.

어느 겨울엔가 동네 사랑방에 젊은 사람들끼리 모여 화투놀이를 한 적이 있었다. 나는 할 줄도 모르고 취미도 없었으므로 구경만 했는데, 나중에 그 방에 있었다는 사실을 알게 된 어머니는 회초리로 내 종아리를 때리셨다. 나는 안다. 그것은 어머니가 집안의 기둥이어야 할 큰아들에게 걸고 있던 기대가 그만큼 크셨기 때문이었다.

그래서였을 것이다. 나의 전도를 받은 어머니는 별 거부감 없이 교회에 나오셨다.

"내 아들이 좋다면…."

말씀은 그렇게 하셨지만, 어쩌면 어머니는 아버지를 마음껏 부를 수 있게 된 기쁨을 감추지 못하고 이야기하는 나에게서 어떤 감동을 받았던 것 같기도 하다.

곧장 나와 함께 교회에 나온 어머니는 새벽에 물을 떠놓고 빌던 그 정성과 열심을 가지고 믿음 생활을 시작했다.

이 세상에서 하나님의 부르심을 받던 그 마지막 순간까지 어머니는 조금도 흐트러짐 없이 한결같은 믿음을 지키셨다.

▲ 전도해 주신 김금주 권사님(가운데 중앙)과 함께

4. 폐결핵을 고침받다

교회는 내 인생에 새로운 지표를 제공해 주었다. 나는 의기소침과 불만과 절망 대신에 적극적인 태도와 용기와 눈부신 희망을 갖게 되었다. 어둡고 무채색을 띠었던 내 삶의 한 궤적이 밝고 환한 빛깔로 덧칠해지는 일대 계기가 마련된 것이다.

긍정적인 생각과 더불어 마음의 폭도 크고 넓어졌다. 근시안적인 사고방식에서 차츰 벗어나게 되었다고나 할까.

먹고 사는 문제가 시급하긴 하지만, 그러나 그것이 전부가 아니라는 사실을 깨우쳐 준 것이 교회였다. 나와 우리 식구들이 중요하지만, 그러나 나와 우리 식구밖에 모른다면 그것은 짐승의 삶에 지나지 않는다는 사실을 깨우쳐 준 것도 교회였다. 물질을 넘어선 정신과 영혼의 가치, 나와 가족을 넘어선 더 큰 공동체의 존재에 눈뜨게 함으로써 아버지이신 하나님은 나의 인생을 보다 넓은 세계로 인도했다. 사람은 물질과 육체를 넘어선 영혼이었으며, 혼자 사는 것이 아니라 더불어 모여 사는 사회적 존재였다.

일단 그러한 진리를 깨닫고 나자, 더 이상 깨닫기 이전처럼 살 수는 없었다. 나는 나의 인생에 대해 심각하게 고민하지 않을 수 없었다.

'어떻게 살 것인가?'

'무엇을 하며 살 것인가?'

우물 안 개구리처럼 살 수 없었다. 농사지을 땅이 있다면 모를까 그렇지도 않은 터에 시골 마을에 눌러 있다는 것은 도무지 희망이 없는 일이었다. 그렇다고 잡화점 점원이나 이발사로 평생을 살고 싶지도 않았다.

내가 일한 가게의 주인들은 하나같이 나를 미더워했다. 나는 성심을 다해 부지런히 일했고 성실하게 섬겼다. 그래서 가게 주인들은 나에게 가게를 맡기고 다른 일을 보러 다니곤 했다. 그만큼 전폭적인 신뢰를 받고 있었다.

그렇게 살 생각을 한다면 얼마든지 주인의 신망을 받는 점원으로 살 수 있었다. 그러다가 기회가 닿으면 그런 가게를 직접 운영할 수 있을 것이었다. 그러나 그렇다고 무엇이 달라진단 말인가. 신망받는 점원이라고 해봤자 결국 점원에 불과하고, 운이 좋아 독립해서 이발소를 차린다고 해도 이발사에 지나지 않았다.

나는 그렇게 살고 싶지 않았다. 더 큰 세계, 더 가치 있는 일에 대한 열망이 내부에서 끓어올랐다. 그것이 무엇인지 선명하지는 않았지만, 선명하지 않은 채로 나의 마음을 충동질했다.

나날이 일제의 수탈이 심해져 가면서 살 길이 점점 막막해졌다. 아무런 비전도 보이지 않는 고향 마을에 도저히 더 머물러 있을 수가 없었다. 살 길을 새로 모색해야 했다.

그 무렵, 정치적·경제적으로 나라의 형편도 어려웠지만 우리 가정과 내 처지도 말이 아니었다.

아버지로부터 전염이 되었는지, 아니면 영양실조 탓인지 모르겠으나 아버지가 돌아가시고 얼마 있지 않아 나도 폐결핵을 앓았다. 병원에 가는 것은 꿈도 꿀 수 없었고 약도 지어 먹을 형편이 안 되었다. 온갖 민간요법을 다 써봤지만 효과가 없었다. 심지어는 폐결핵 환자에게 좋다고 해서 분뇨를 걸러서 마시기까지 했다.

몸이 좋지 않은 상태에서도 일을 계속했지만, 폐결핵이 심해지면서부터는 그걸 숨기고 남의 집 일을 하기란 마음에서 허락하지를 않았다. 하는 수 없이 점원 노릇도 쉬어야 했다. 그러니 생활은 더욱 쪼들릴 수밖에 없었다.

나는 밤이고 낮이고 교회에 가서 엎드려 하나님께 기도했다.

"아버지! 저희를 돌아보아 주십시오. 저희 가정을 돌아보아 주십시오!"

우리의 딱한 처지를 호소했다. 무엇보다도 내 병을 낫게 해 달라고 기도했다. 정말 목숨을 걸고 하는 애끓는 기도였다. 할 일도 많지 않았지만, 어쨌든 몸이 성해야 무슨 일이든 할 수 있었다. 병든 몸으로는 아무 일도 할 수 없었다. 일은 고사하고 이러다가는 나마저 죽을지도 모른다는 걱정이 앞섰다.

"하나님, 이 세상에 태어나서 무언가 의미 있는 일을 하고 죽게 해 주십시오. 이렇게는 죽고 싶지 않습니다."

그때는 정말로 이렇게 죽을지도 모른다는 급박한 생각이 들었다. 아버지가 바로 내가 앓고 있는 그 병으로 돌아가시지 않았는가. 오늘날처럼 의학이 발달하지 못했던 당시에는 폐결핵은 치사율이 높은 아주 무서운 병에 속했다.

"믿는 자들에게는 이런 표적이 따르리니 곧 저희가 내 이름으로 귀신을 쫓아내며 새 방언을 말하며 뱀을 집으며 무슨 독을 마실찌라도 해를 받지 아니하며 병든 사람에게 손을 얹은즉 나으리라 하시더라"(막 16:17~18).

"예수께서 들으시고 저희에게 이르시되 건강한 자에게는 의원이 쓸데없고 병든 자에게라야 쓸데 있느니라 내가 의인을 부르러 온 것이 아니요 죄인을 부르러 왔노라 하시니라"(막 2:17)

나는 오직 말씀만을 붙잡고 기도하였다.
"의원 되신 예수님, 저를 살려 주십시오. 주님만이 저를 고쳐 주실 수가 있으십니다!"

그런데 기적이 일어났다.
내가 불쌍하셨는지, 아니면 정말로 어떤 의미 있는 일을 시키실 생각이었는지 하나님은 내 병을 고쳐 주셨다. 그 젊은 시절의 병 고침의 체험이 나로 하여금 신유의 은사를 확신하게 했다.

나중에 교회를 개척하고 목회를 할 때, 병든 자들을 보면 내 마음이 아팠다. 그때마다 하나님께 간절히 기도하면 병을 고쳐주셨다. 신승범이라는 청년은 대학생이었다. 정신이상이 생겨 학교를 중단하고 교회에서 함께 기도하였다. 병이 심할 때는 차꼬를 채우기도 하였다. 그러나 후에 건강을 회복하여 심방을 함께 다녔다. 내 조카가 숨을 거두어 하나님께 간절히 기도했더니 재채기하며 깨어난 적도 있었다. 그 조카는 장로로 하나님의 교회를 잘 섬기고 있다. 병 고침에 대한 소문이 신·불신 간에 퍼지자 사람들이 몰려오게 되었다. 오늘의 중동교회가 성장하는 요인 중 하나가 되었다.

개인적으로는 10대 때의 그 폐결핵 치료 이후 환갑이 될 때까지 병원 근처에 가보지도 않았다. 약을 먹어본 기억도 없다. 병이 든 다음에 기도로 병을 고치는 것도 귀한 일이지만, 그보다 중요한 것은 병들지 않고 건강을 유지하며 사는 일이다.

우리의 몸을 만드신 이가 지키시기도 하는 법이다.

병든 육체가 치유를 받는 것이 하나님의 은혜라면,

병들지 않고 건강을 유지하며 사는 것은 더욱 하나님의 은혜다.

병든 육체가 치유함을 받는 것이 고마워할 일이라면,

병들지 않고 건강을 유지하며 사는 것은 더욱 고마워할 일이다.

2장 빛의 인도함을 받다

5. 빛의 인도를 받아 일본에 가다 /45
6. 일본에서 공부를 하다 /57
7. 흥남에서 돈을 벌다 /62
8. 신사참배를 거부하다 고문당하다 /68
9. 해방을 위해 기도하다 /74
10. 고아원을 시작하다 /80

5. 빛의 인도를 받아 일본에 가다

기도로 폐결핵을 치료받고 나자 공부를 해야 한다는 생각이 더 간절해졌다. 그러나 고향 마을에 머물러서는 공부를 할 수가 없었다. 더 이상 일할 자리도 없었다.

그때 일본에 건너간 외삼촌이 떠올랐다. 외삼촌은 수년 전에, 돈을 벌어 보겠다고 고향을 떠나 일본으로 건너가 복강현(福岡縣)에 거주하고 있었다. 듣기로는 그런대로 자리를 잡았노라고 했다.

나는 당장 외삼촌에게 편지를 썼다.

'…공부를 하고 싶은데 여기서는 할 수가 없습니다. 그 곳에서 외삼촌의 일을 도우며 학교를 다니고 싶습니다. 그런 길이 있으면 꼭 좀 불러 주세요….'

내 편지에 대한 답장이 얼마 후에 왔다.

외삼촌은 일본에 오면 돈을 벌면서 야간학교에 다닐 수 있는 길이 있다는 사실을 알려왔다. 외삼촌의 편지는 나를 들뜨게 했다. 나는 교복을 입고 학교를 다니는 상상을 하며 혼자 기뻐했다.

일본으로 건너가려면 상당한 돈이 필요했는데, 내 수중에는 그런 돈이 없었다. 그렇다고 나에게 그런 돈을 선뜻 내 줄 사람이 있는 것도 아니었다. 막막했다.

나는 무작정 일본행 선박이 출항하는 군산으로 가기로 하고 어머니에게 상의를 했다. 어머니는 내 얼굴을 한참 바라보시더니 결심이 확고한 것을 확인하시고 고개를 끄덕이셨다. 어머니는 더 나은 미래를 위해 공부를 해야 한다는 내 의견에 공감하셨다. 동생들을 어머니에게 맡기고 떠나는 일이 마음에 걸렸지만, 우리 가정과 내 앞길을 위해 다른 방법이 없었다. 결심이 섰을 때 실천에 옮겨야 했다. 우물쭈물하다가는 이도저도 아닌 꼴이 될 수 있었다.

"기도하마."

어머니는 그렇게 짧게 말씀하시고 내 손을 잡으셨다. 어머니라고 내게 줄 돈이 있을 리 만무하셨다.

군산에 왔지만 사정은 달라지지 않았다. 뱃삯은커녕 당장 끼니를 해결할 돈도 없었다. 바다는 넓었고, 크고 작은 배들이 쉴 새 없이 드나들었다. 그러나 뱃삯이 없는 내게는 그림의 떡에 불과했다. 바다는 내 사정을 전혀 헤아려 주지 않는 듯했다.

'할 수 없지. 아버지이신 하나님께 사정해 보는 수밖에…'

나는 가까운 월명산으로 올라갔다.

월명산은 그때만 해도 호랑이가 나온다는 말이 들릴 정도로 산세가 험악했다. 그 때문에 사람들이 발걸음을 거의 하지 않았다. 그 험악한 산에 들어가 죽기 살기로 기도해 보기로 했다.

"하나님은 제 아버지이십니다. 하나님을 아버지라고 부를 수 있다는 것만으로도 얼마나 감사하고 감격스러운지 모르겠습니다. 하나님, 아버지인 하나님께 아들인 용은이가 사정을 합니다. 제 길을 인도하여 주시옵소서. 저를 일본으로 보내 주시옵소서. 제가 일본으로 가려고 하는 것은 조국과 고향을 버리고 떠나려 함이 아닙니다. 하나님이 아시는 것처럼, 제 조국과 고향을 위해 참으로 가치 있고 의미 있는 일을 하기 위해 이곳을 떠나려고 합니다. 저는 더 공부를 해야 합니다. 이대로는 아무것도 할 수 없습니다. 그런데 여기서는 아무것도 할 수 없습니다. 하나님, 제 인생을 통해, 무슨 일인가를 해 주시옵소서. 저를 당신의 도구로 써주시옵소서. 그러기 위해 저를 준비

시켜 주시옵소서…."

기도는 끝도 없이 이어졌다. 처음에는 그 산에 하루만 있을 생각이었다. 그 산에서 밤을 샌다는 것이 무섭기도 했고, 또 하룻밤 기도를 하면 더 할 말이 있을 것 같지도 않아서였다.

그런데 그렇지가 않았다. 한번 쏟아진 기도는 그칠 줄을 몰랐다. 기도가 기도를 물고 나오는 형국이었다. 이 기도를 하면 저 기도가 생각나고, 저 기도를 마치면 또 다른 기도가 떠올랐다. 기도하는 사람에게는 계속 기도할 주제가 생긴다는 사실을 그때 깨달았다. 공부를 하면 할수록 자신의 무지를 깨닫게 되고, 공부할 것이 자꾸만 생겨나는 바람에 계속 공부하지 않을 수 없는 것처럼, 기도를 하는 사람 역시 하면 할수록 기도의 주제가 자꾸만 떠오르기 때문에 계속 기도하게 되는 법이었다.

기도하는 사람에게만 하나님은 기도를 주신다. 기도하지 않으면 기도할 거리가 없다. 무얼 기도해야 할지 모르겠다고 말하는 사람은 스스로 자신이 전혀 기도를 하지 않고 있다는 사실을 스스로 고백하는 셈이다.

호랑이가 나온다는 말이 나돌 정도로 무섭고 험악한 월명산에 밤이 왔지만 나는 무서운 줄을 몰랐다. 산짐승이 우는지도 날뛰는지도 몰랐다. 그런 것에 신경 쓸 여유가 없을 만큼 마음속의 소원이 간절했다. 나는 밤을 새우며 찬송을 부르고 기도에 열중했다.

어머니의 초췌한 얼굴이 떠오르고, 이어서 동생들의 핼쑥한 얼굴들도 떠올랐다. 왈칵 눈물이 솟구쳤다.

'우리 가족을 책임질 가장은 바로 나다!'

가장이라는 의식이 나의 어깨를 무겁게 짓눌렀다. 나는 하나님께 그들을 지켜주십사고 기도했다. 아버지가 지고 간 빚도 떠올랐다. 그것을 갚아야 할 사람도 나였다. 그러자면 돈을 벌어야 했다.

'하나님! 아버지가 남기고 간 빚도 갚을 수 있게 해 주십시오! 그러기 위해서 일본으로 건너가 일하면서 돈을 벌어야 합니다!'

간절한 기도가 쉬지 않고 나왔다. 월명산에서 내 기도는 사흘 동안 이어졌다.

사흘째 되는 날 정오 무렵, 문득 기도를 하다가 눈을 떠서 보니, 약 10미터쯤 아래에서 나뭇잎이 불이 붙은 것처럼 환했다. 잘못 본 것인가 싶어 눈을 비벼보았다. 다시 눈을 떠 보니 여전히 나뭇잎에 불이 붙어 있는 것이 분명했다.

'이 깊은 산중에 웬 불일까? 나뭇잎에 어떻게 불이 붙은 것일까?'

나는 불을 끄기 위해 몸을 일으키려고 했다. 그러자 그

환하던 불이 문득 눈앞에서 사라졌다. 사라졌는가 싶어 제자리에 도로 앉으려고 하다가 궁금하여 다시 보니 불빛이 움직이고 있는 것이다.

'이게 뭘까? 정말 이상하구나.'

고개를 갸우뚱하는 순간, 무슨 계시처럼 출애굽기 3장에 묘사된 한 장면이 그림을 보듯 선명하게 눈앞에 펼쳐졌다.

하나님은 모세에게 떨기나무에 붙은 불꽃으로 나타나셨다. 모세는 양을 치고 있다가 떨기나무에 붙은 불을 보았다. 떨기나무에 붙은 불은 좀처럼 사라지지 않았다. 그런데 기이한 것은 불이 붙어 있는데도 떨기나무가 타지 않는 것이었다.

그는 놀라고 이상한 생각이 들어서 속으로 생각한다.

'떨기나무가 어찌하여 타지 않는가?'

그때 하나님이 떨기나무 가운데서 그를 부르신다.

"모세야, 모세야…"

하나님은 모세에게 그렇게 나타나셨다. 하나님은 자기 백성들을 애굽에서 구해낼 사람으로 모세를 선택했고, 선택 받은 종 모세는 나중에 그 사명을 감당한다. 그 극적인 첫 만남의 순간에 하나님은 타지 않는 떨기나무의 불로 나타나셨던 것이다.

심상치 않다는 생각이 들었다.

'모세에게 나타나셨던 하나님이 내게 나타나시지 말란 법은 없지 않은가? 옛날에 활동하셨던 하나님이 지금이라고 잠잠하실 리가 있겠는가?'

내 마음속에서 나도 모르는 담대함이 솟아올랐다.

"하나님! 당신이십니까?"

나는 불이 붙은 나뭇가지를 향해 천천히 다가갔다. 불은 밝아졌다 흐려졌다 하면서 조금씩 아래로 내려갔다. 내가 걸음을 조금 빨리 하면 불도 같이 빨라졌다. 걸음을 멈추면 불도 멈춰 섰다.

애굽에서 나온 이스라엘인들이 광야를 떠돌 때, 그들을 인도했던 불기둥과 구름 기둥이 그러하지 않았는가? 낮에는 구름 기둥이, 밤에는 불기둥이 그들 앞에 서서 그들의 길을 인도했다지 않던가! 구름기둥과 불기둥이 서면 이스라엘인들도 서고, 구름기둥과 불기둥이 움직이면 이스라엘인들도 움직였다고 하지 않던가!

그때쯤 해서는 그 불길이 나를 인도한다는 사실이 분명해졌다. 그것을 깨닫는 그 순간, 나는 하나님의 부르심을 감지할 수 있었다. 모세를 부르신 것처럼 하나님이 나를 부르시고 있는 것이 틀림없었다. 이스라엘을 인도하신 것처럼 내 길을 인도하고 계셨다.

'그렇지만… 왜?'

나는 모세가 아닌데…. 나는 모세가 되기에는 너무 그릇이 작고 옹졸한데…. 가진 것도 없고, 아는 것도 없으며, 믿음도 약한 나를….

그럼에도 불구하고 하나님의 인도의 손길을 느끼는 순간, 내 가슴은 벅차올랐다. 광야의 이스라엘인들처럼 나는 내 앞의 불을 따라 산비탈로 내려가기 시작했다.

이스라엘이 완전해서 하나님께서 선택하신 것이 아니었다. 사람은 결코 완전해질 수 없다. 완전해지려고 하는 욕망이 하나님을 대적하였다. 언제나 우리는 하나님의 은혜를 알아야 한다. 사람이 의롭기 때문에 하나님이 선택하시는 것이 아니라 하나님의 은혜로 인하여 의롭게 되는 것이다.

'나는 의롭지도 거룩하지도 유능하지도 않다. 그러나 하나님께서 나를 선택하고 내 길을 인도해 주신다면, 얼마든지 의롭게 되고 거룩해지고 유능해질 수 있다. 내게서 요청되는 것은 순종뿐이다.'

불은 숲을 헤치고 능선을 넘어 아래쪽으로 나아갔다. 나는 그 길을 말없이 따라갔다. 행여 놓칠까 봐 잠시도 한눈을 팔지 않았다.

얼마나 걸었을까?

마침내 불이 움직임을 멈추는가 싶더니, 문득 눈앞에서

사라져 버렸다. 나는 눈을 크게 뜨고 두리번두리번 주변을 살폈다.

'그렇게도 선명하던 불길이 어디로 가 버렸을까?'

아무리 찾아도 보이지 않자 왈칵 눈물이 나오려고 했다.

"하나님! 저를 버리지 마십시오. 제 길을 인도해 주십시오."

내 입에서 저절로 그런 기도가 나왔다. 내게는 다른 희망이 없었다. 하나님말고는 부를 이름이 없었다. 하나님은 내가 기댈 유일한 언덕이었다. 만일 나에게 어떤 희망이 보인다면 그것은 하나님께로부터 오는 희망일 수밖에 없었다. 그것말고 다른 희망을 기대할 수 없었다.

'하나님이 인도하신다는 확신이 있다면 순종하는 것말고 다른 방법은 없다.'

속으로 이렇게 다짐하면서 왔는데, 여기까지 나를 이끌어 온 빛이 홀연히 사라져 버리자, 나는 흠칫 절망감에 사로잡혔다. 그러나 그럴 리 없었다.

'빛이 사라졌다면…, 그러면 이곳이 그분이 나를 데려다 주려고 했던 바로 그곳일까?'

정신을 추슬러 눈물을 닦고 주변을 살폈다.

내가 서 있는 곳은 급경사로 된 산비탈 위였다. 발아래 신작로가 길게 뻗어 있고, 그 앞은 바다였다. 출렁이는 바다 위에 큰 화물선이 한 척 떠 있었다. 그 배를 보는 순간 꿈이 이루어진다는 생각이 들었다.

'아, 하나님이 나를 일본에 보내시려는 것이로구나!'

나는 빠른 걸음으로 산을 내려갔다. 그리고 뛰다시피 신작로를 가로질러 배가 정박해 있는 항구로 달려갔다.

배 이름이 '복강환(福岡丸)'이었다. 의심의 여지가 없었다. 하나님이 나를 저 배에 타게 해서 일본에 건너가도록 한다는 사실이 더 분명하게 확인되었다. 그렇지 않다면 어떻게 배 이름이 '복강환'이겠는가.

외삼촌이 살고 있는 곳이 바로 복강현이었다. 그 배는 복강현에서 온 배가 틀림없었고, 복강현에서 왔다면 복강현으로 갈 것이었다. 결코 우연이라고 할 수 없었다. 여객선이 아니라 화물선이었지만 나는 개의치 않았다. 아니, 오히려 그 편이 나았다. 여객선을 타려면 표를 끊어야 하고, 그러려면 돈이 있어야 하는데 당연히 내 수중에는 돈이 없었다.

나는 무조건 찾아가서 선장을 만났다.

"일본으로 가고 싶습니다. 배 좀 태워 주십시오."

"뭐?"

선장은 처음에는 어이없다는 표정을 지었다. 그도 그럴 것이 초라한 몰골의 젊은이가 무턱대고 일본으로 가겠다고 배를 태워 달라고 하니 기가 막히기도 했을 것이었다.

"일본에는 왜 가려고 하는 거냐?"

"공부를 하려고 합니다."

"공부? 그건 여기서 해도 되지 않느냐?"

"여기서는 공부를 할 수가 없습니다. 저희 집 형편이 너무 가난해서 학교에 다닐 수 없습니다."

"그렇다면 일본에 가서도 학교를 다닐 수 없기는 마찬가지일 텐데…. 돈 많은 집 자식들이 일본에 공부하러 가는 거 모르느냐?"

꼭 취조를 받는 것 같았다. 그래도 희망은 그곳밖에 없었기 때문에 나는 꼬박꼬박 묻는 말에 공손히 대답을 했다.

"일본에 가면 열심히 일해서 돈을 벌 겁니다. 그리고 야간에 학교를 다니려고 합니다. 일본에서는 주경야독이 가능하지만 여기서는 돈 벌 길조차 없으니까요."

"일본에 가면 어디서 살 거냐? 일본에 누가 있느냐?"

"복강현에 외삼촌이 살고 계십니다. 외삼촌이 오라고 했습니다."

흥정은 끝났다.

"복강현이란 말이지?"

선장은 흥미로운 듯 내 얼굴을 빤히 쳐다보더니 어떻게 할까 생각하고 있었다.

나는 하나님께서 이 배에 타게 하려고 산에서 기도하고

있던 나를 급히 이끌어 왔다는 말을 했다. 선장은 빙그레 웃더니 내게 물었다.

"돈이 없는 것 같은데, 배를 태워 주면 넌 뭘 할 거냐?"
"할 수 있는 일은 뭐든 하겠습니다. 태워만 주십시오."
"좋아."

의외로 일이 순조롭게 진행되었다. 배는 출항 준비가 다 끝나 있는 상태였다. 내가 타자마자 곧 떠났다. 나는 하나님이 이 배를 타게 하려고 빛의 인도를 받게 했다는 사실을 의심 없이 믿었다.

배 안에서 나는 청소도 하고 주방 일도 열심히 했다. 말하자면 그것이 복강현까지 가는 내 뱃삯인 셈이었다.

6. 일본에서 공부를 하다

외삼촌은 나를 반갑게 맞아 주었다. 일찍 일본으로 건너가 부지런히 일하며 살았지만 외삼촌의 형편은 그다지 넉넉하지 않았다. 외삼촌은 철물 공장을 경영했는데 일은 고되고 수익은 박했다.

외삼촌은 시립중학교에 나를 넣어 주었다. 나는 낮에는 외삼촌을 도와 일을 하고 밤에는 중학교에 다녔다.

"성공하기 위해서는 공부하지 않으면 안 된다. 요즘 세상은 배움이 없으면 성공할 수 없거든. 비록 어려운 환경이지만 열심히 공부하도록 해라."

고맙게도 외삼촌은 나를 격려해 주었다.

나이는 다른 학생들보다 많았지만 학교 공부를 제대로

하지 않았기 때문에 따라가기가 힘들었다. 거기다가 낮에 일을 하기 때문에 밤에는 몹시 피곤했다. 책을 보고 있으면 저절로 고개가 수그러지면서 졸음이 몰려왔다. 그럴 때면 나는 허벅지를 꼬집으며 졸음을 쫓았다.

'정신 차려라! 네가 지금 졸고 있을 땐가?'

나는 얼굴을 때리며 몸을 꼬집어 가면서 공부했다.

'얼마나 고생하며 왔는가? 일본에 온 목적이 무엇인가?'

몸의 고단함을 못 이겨 정신이 해이해질 때마다, 나는 매 순간 스스로에게 상기시키면서 채찍질을 가했다.

내가 일본에 온 목적은 두 가지였다. 하나는 어머니와 동생들을 위해 돈을 버는 것이고 또 하나는 공부하는 것이었다. 돈을 벌면서 공부를 해야 했고, 또 돈을 벌기 위해 공부를 해야 했다.

일본에 가서 얼마 후에 고향에서 연락이 왔다. 어머니가 화상으로 생명에 위독하니 빨리 귀국하라는 소식이었다. 큰 꿈을 품고 일본에까지 왔다가 공부도 하지 않고 가기란 참으로 괴로웠다. 그래서 새벽녘이면 광야로 나가서 눈물로 하나님께 기도를 드렸다.

"하나님, 만사에 때가 있다고 하는데, 한국에 가면 다시 기회가 없을 것 같습니다. 어머님을 고쳐주세요!"

눈물을 흘리며 기도하는데 갑자기 빛이 비치는데, 현해탄을 건너 고향 땅까지 빛이 비추었다.

얼마 후 소식이 왔는데 생명에는 염려가 없으니 돈을 보내라고 해서 일본에서 계속 공부를 할 수 있었다.

힘이 들어 포기하고 싶어질 때도 있었다. 그럴 때는 교회에 가서 아버지인 하나님을 불렀다.

"아버지 하나님! 아버지 하나님…!"

내게는 내 모든 고통과 고민과 외로움과 슬픔을 쓰다듬어 주시는 아버지께서 계셨기 때문에 쓰러지지 않을 수 있었다.

'하나님은 뭔가 일을 시키기 위해 내가 준비되기를 원하신다. 준비된 그릇을 하나님이 쓰시기 위해서다.'

나는 그렇게 생각했다. 하나님께서 일본행 배를 타도록 인도하신 것은 그 때문이다. 나는 그렇게 스스로를 세뇌시켰다.

사실이 아닐 수도 있었다. 하나님은 전능하신 분이고, 이 세상에는 하나님의 일을 위해 준비된 훌륭한 사람들이 얼마든지 있을 수 있었다. 꼭 나이어야 할 이유가 없었다. 내가 아니어야 할 이유도 없었지만 나이어야 할 이유도 없었다. 하나님에게는 반드시 내가 필요한 것은 아니라는 생각도 했다.

그렇지만 나는 '하나님이 약한 자도 쓰시지 않는가' 하는 생각을 했다. 그렇게 생각하는 것이 내게 힘이 되었으므로! 아니, 그렇게 생각해야만 그 힘들고 곤고했던 시절을 버텨낼 수 있었다.

하나님이 나에게 일을 맡기기 위해 준비시키려 하신다는 생각, 하나님이 약한 자를 들어 쓰신다는 생각을 끊임없이 주입함으로써 나는 그 시절을 견뎌냈다. 사실을 말하면, 하나님에게 내가 필요했던 것이 아니라, 나에게 하나님이 필요했던 것이다. 언제든 그렇지 않았을까? 처음 교회에 발을 딛고서 '아버지'를 발견한 순간부터 지금까지 나는 언제나 하나님을 필요로 했다. 하나님은 꼭 내가 필요하지 않을 수도 있었다. 그러나 나는 꼭 하나님이 필요했다. 그것이 나의 삶이었다.

스무 살이 되었을 때, 복강교회에서 세례를 받았고, 스물셋에 결혼을 했다. 나는 현숙하고 재능이 많은 처녀를 중매로 결혼하게 되었다.

결혼할 당시 내 형편은 열악했다. 돈을 벌어서 공부를 하고 고향에 계신 어머님께 생활비를 보내 드려야 했기 때문이었다.

장인어른은 위엄이 있었고 지도급 인사들과 교우를 나누면서 지내신 분이다. 예수님을 영접하신 후부터는 만나는 사람들에게 복음을 열심히 전하셨다. 병으로 고생하고 있는 사람들을 찾아가서 무료 치료를 한 후 전도를 하셨다. 그런데 어른께서 나를 좋게 보시고 딸을 아내로 주셨다. 결혼한 후에 나는 흥남으로 나왔고, 장인은 황해도로 나오셨다.

제헌의원이시고 목사였던 오택환 목사님과 함께 황해도로 나오셔서 교회를 섬기셨다. 세상을 떠날 날이 가까운 줄을 아시고 사람들에게 복음을 전하셨다. 돌아가시기 직전, 아들에게 잘 믿으라고 당부하고 목사님에게 아들을 잘 부탁한 후 하늘나라로 가셨다.

내가 소천 소식을 듣고 황해도 옹진군 북면 봉소리로 갔다. 밤이 깊어 처남이 자주 가는 여관에서 하룻밤을 쉬게 되었다. 내가 상갓집 가족인 줄 알고 기쁜 소식을 전해 주었다.

"큰 임금이 돌아가시면 서기가 내리는데, 이번에 돌아가신 분은 생전에 후덕이 크신 분이셨던가 봐요."

하셨다.

장인어른의 소천은 근방 사람들의 화제가 되었고, 많은 사람들이 예수님을 믿게 되었다.

7. 흥남에서 돈을 벌다

처물네 살 때, 그러니까 결혼을 한 그 이듬해에 나는 함경남도 흥남으로 이주하기로 결심했다. 물론 흥남에는 연고가 없었다. 연고도 없는 흥남까지 가기로 한 것은 그곳이 그때 한창 신흥공업단지로 부상하고 있었기 때문이었다.

결혼까지 하고, 명실상부한 가장이 되었으므로 이제 외삼촌을 떠나야겠다는 생각을 하게 되었다. 나는 많은 돈을 벌기를 바랐지만 일본에서는 생각대로 되지 않았다.

고향의 어머니와 동생들이 셋방살이를 전전한다는 소식이 전해질 때면 가슴이 미어지는 듯했다.

'어떻게든 어머니와 동생들을 위해 집을 지어 주리라!'

이런 다짐을 수도 없이 했다. 그것만이 아니었다. 아버지가 돌아가시면서 남긴 빚이 두 군데 있었다. 그것으로 인하여 가족들이 수모를 겪어야 할 생각을 하니 마음이 아팠다. 나는 아버지가 남기고 간 빚을 갚고 어머니와 동생들을 위해 고향에 집을 한 채 지어 드리고 싶은 소원으로 애타는 나날을 보내야 했다.

그 무렵에 흥남에 대한 소식을 들었다. 공업단지가 들어섰는데, 일감이 풍부하고 일자리도 많다고 했다. 성실하고 부지런하게만 일하면 돈을 버는 것은 어렵지 않을 거라는 소문이 파다했다. 실제로 돈을 벌려고 그곳으로 이주해 가는 사람이 많았다. 그래서 나는 외삼촌에게 흥남으로 가면 좋겠다는 의견을 말씀드렸다.

"흥남은 기회의 땅이에요. 저도 그 곳으로 가서 기회를 잡고 싶어요."

내 말에 외삼촌도 격려해 주었다. 그리고 가타히로라는 한 일본인을 소개해 주었다. 약간의 자금을 외삼촌으로부터 받아 가지고 나는 흥남으로 떠났다.

흥남은 소문대로 활기가 넘쳤다. 사람도 많았고 일거리도 많았다. 게으름을 피우지 않고 성실하게 일한다면 가난을 벗어날 수 있을 듯한 눈부신 희망이 생겼다.

나는 흥남에 도착하자마자 교회부터 찾아갔다. 천기리

교회였다. 무릎을 꿇고 하나님께 내 마음의 소원을 간절히 아뢰었다.

'아버지의 빚을 갚고, 집이 없어 여기저기 셋방을 전전하는 어머니와 동생들을 위해 좋은 집을 지어 드리고 싶습니다. 다른 욕심은 없습니다. 부디 그 소원을 이룰 수 있을 만큼만 돈을 벌게 해 주십시오!'

나는 그 곳에서 외삼촌이 소개해 준 일본인으로부터 하청을 받아 알루미늄 공장을 운영했다. 일이 잘 되어 돈을 벌게 되었다. 나중에는 알루미늄을 제조하는 공장으로 사업을 확장했는데, 그 일도 잘 되었다. 일손이 모자라서 물건을 만들어내지 못할 정도였다.

나는 할 일이 없어서 놀고 있는 고향의 친구들이 생각났다. 내가 일본으로 건너간 것도 일자리가 없었기 때문이 아니었던가. 나 같은 처지의 젊은이들이 고향에는 아직도 있을 것이라는 생각이 났다. 기왕이면 그들에게 일자리를 주고 싶었다. 그들을 불러온다면 그들에게는 일할 수 있는 기회가 생겨서 좋고, 나에게는 일손이 생겨서 좋지 않겠는가. 이것이야말로 누이 좋고 매부 좋은 일이 아니겠는가.

망설일 이유가 없었다. 나는 지체하지 않고 고향 마을에 연락을 취했다. 먼 길이었지만, 친척들을 비롯한 고향 사람들이 흥남으로 달려왔다. 여동생도 와서 밥을 해 주며 내 일을 도왔다. 나와 함께 일한 고향 사람들 가운데 상당수가 사업 자금을 만들어서 독립해 갔다.

사업은 날로 번창했다. 돈을 자루에 담아서 운반할 정도였다. 오늘날로 말하면 40여 명이 일하는 우량 중소기업이었다. 하나님께서는 내 기도를 들어 주셨다. 아버지가 남긴 두 군데 빚을 갚고 어머니를 위해 집을 짓고도 남을 정도로 많은 돈을 벌었다.

그러나 언제까지나 순조롭기만 한 것은 아니었다. 회사의 규모가 나날이 커지자 일본인들이 은근히 압박을 가해 오기 시작했다. 외지에서 온 조선인 사업가가 사업체를 늘려 가는 꼴을 못 봐 주겠다는 듯 이런저런 방법으로 훼방을 놓는 것이었다. 그러자 차츰 단골 거래처가 하나둘 떨어져 나갔다. 일본인들이 노골적으로 방해를 하고 난 후 사업은 점점 어려워지기 시작했다.

'이제 그만 이 곳을 떠날 때가 되었구나!'

나는 떠나야 할 시기임을 직감했다. 애초에 내가 하나님께 구한 것은 아버지의 빚을 갚을 돈과 어머니를 위해 집 지어 드릴 돈을 벌게 해달라는 것이었다. 그런데 하나님은 그 기도를 벌써 들어 주셨다. 기도대로라면 돈에 더 이상 욕심을 낼 이유가 없었다. 그런데도 나는 계속 돈 욕심을 냈다.

그 순간 하나님이 나를 제지하는 것인지 모른다는 생각이 들었다. 하나님은 내가 돈 버는 재미에 빠지기를 원하지 않으셨던 것 같다. 갈등이 일어나기 시작했다.

'하나님께서 나를 큰 회사 사장으로 만드실 생각이 없으시다는 건 확실해. 나를 향하신 하나님의 다른 계획이 있으신 게 분명해.'

나는 어렴풋하게 느낄 수 있었다. 그러므로 돈 버는 재미에 빠지게 하실 수가 없으셨을 것이다.

그런데 그 무렵 나는 사업을 확장하고 거래처를 늘리고 돈을 모으는 즐거움에 빠져 더 큰 욕심을 키워가고 있었다. 그러면서 내 능력인 양 우쭐하기도 했었다. 하나님은 거기서 나를 멈추게 하신 것이었다. 돈 버는 일이 아니라 다른 일을 시키시려고….

생각해 보면 그때 흥남을 떠났기 때문에 지금의 김용은이 있는 것이다. 그때 흥남을 떠나지 않았다면, 혹시 내가 일본인들의 방해 공작을 무사히 넘기고 제법 큰 회사의 사장이나 회장이 되어 있을지는 몰라도, 목사가 되어 있지는 않았을 것이다.

하나님께서 나를 목사로 만들 계획을 가지고 있으셔서 정지 신호를 보내셨지만, 그 당시에 나는 그것을 이해하기 어려웠다.

그때 일본인들에게 회사를 빼앗기다시피 해서 흥남을 떠나게 된 것이, 하나님의 계획과 섭리에 의해 이루어진 일이라고 확신하게 된다.

나는 하나님이 나를 어떻게 사용하실는지 알지 못했다. 그러나 하나님이 나의 길을 인도하시리라는 믿음이 있었고, 그곳이 어디든 하나님이 인도하시는 대로 따라갈 거라는 결심도 하고 있었다.

8. 신사참배를 거부하다 고문당하다

스물여섯 살 때 나는 고향으로 돌아왔다. 공부를 하겠다고 일본으로 건너간 지 어느덧 여섯 해가 지나 있었다. 그 사이에 많은 일이 있었다.

나는 세례를 받았고, 집사가 되었으며, 결혼을 하여 첫딸도 얻었다. 또 흥남에서 3년 동안 사업을 해서 돈을 모았다. 그 돈으로 아버지가 남긴 두 군데의 빚을 갚고, 어머니를 위해 집을 지었다. 논과 밭도 한 두럭을 샀다.

어머니와 동생들이 무척 기뻐하셨다. 가족들이 좋아하는 모습을 보니 흐뭇했다. 내 땅을 경작한다고 생각하니 힘이 저절로 났다.

그러나 돌아온 고향 마을의 형편은 조금도 나아진 것이 없었다. 내선일체를 앞세운 일제의 박해는 한층 심해져 있었다. 그들은 곡물을 빼앗아 갔으며 젊은이들을 강제로 끌고 갔다. 또 신사참배와 동방요배를 강요했다. 그것은 십계명을 어기는 일이고, 그리스도의 재림과 천년왕국에 대한 대망을 버리는 일이었으므로 기독교인으로서는 결코 응할 수 없는 일이었다.

조선총독부는 기독교계에 회유하고 협박했다. 각 교파로 하여금 강제적인 상황 속에서 신사참배를 결의하게 했다. 천주교는 이미 교황의 지시에 의해 신사가 종교가 아니라는 견해를 받아들였고, 감리교도 1938년 신사참배는 국민으로서 당연히 지켜야 할 국가의식이라고 하여 신사참배를 수용했다.

신사참배를 거부하며 버티던 장로교도 일본군의 철저한 감시 속에서 치러진 1938년 총회에서 신사참배를 결의하고 말았다.

성결교회는 끝까지 저항했지만, 1942년 6월에 일제 검속이 이루어진 뒤를 이어 1943년 5월에 총독부의 명령을 어기고 예수 그리스도의 재림을 전한다는 이유로 많은 교인들의 구속이 이어졌다.

같은 해 9월에 교회에 예배 중지령이 내려졌고, 12월 29일에는 교회가 강제로 해산되는 핍박을 겪었다.

그러나 그것은 교단 차원의 일이었고, 조선의 수많은 기독교 신자들은 자신들의 신앙 양심에 따라 순교를 각오하고 신사참배를 거부했다. 내가 고향에 돌아올 때의 시국은 그렇게 암담했다.

작은 마을이라 흥남에서 돈을 벌어서 귀향한 나의 소문은 금방 퍼져 나갔다. 오래지 않아 일제의 손길이 나에게 뻗쳐 왔다. 면장이 나를 찾아왔다. 김완석이라는 자였다.

그는 이런저런 이야기 끝에 나에게 신사참배를 하라고 요구했다. 그가 나를 찾아온 목적이 그것이었다.

"당신은 조선 사람이 아닙니까?"

나는 그에게 따져 물었다.

"그런데 조선 사람인 당신이 어떻게 동포에게 그런 요구를 할 수 있습니까?"

일본 사람들보다 일본인들의 앞잡이 노릇을 하는 조선 사람이 훨씬 독하고 악랄했다. 조국을 배신했다는 죄의식까지 가세하여 그들을 한층 난폭하게 만드는 모양이었다. 그들은 양심적인 조선의 지식인들에게 유난히 혹독하게 박해를 가했다.

그들의 눈에는 아마도 내가 우리 마을에서 제법 영향력이 있는 사람으로 비친 모양이었다. 그들은 나를 회유하여 신사참배와 곡물 공출, 그리고 징용과 같은 문제를 해결하려고 했다. 내가 앞장서서 신사참배도 하고 지원 발언도 하면 마을 사람들을 회유하기가 쉬울 거라고 판단했음에 틀림없었다.

"말을 듣는 것이 좋을 거야. 마을 사람들에게 신사 참배하라는 말만 하면 된다고…."

"힘들여 거둔 곡식을 빼앗아가고, 우리의 무고한 젊은이들을 전쟁터로 내몰아 피를 흘리게 하는 일본 천왕에게 절하라는 말입니까? 지금 그걸 나에게 요구하는 겁니까? 나더러 동포들을 향해 그 말을 하라는 겁니까?"

"무엇이 어려운가? 내선일체, 조선과 일본은 이미 하나다. 그걸 모르는가?"

"나는 못합니다."

면장은 눈을 부릅뜨고 사납게 노려보았다.

"잘 생각해 보는 것이 좋을 거야."

그는 내게 협박의 말을 던지고 돌아갔다. 그런 일이 여러 번 반복되었다. 그의 협박은 점점 더 강해졌지만 나는 단호히 거부했다.

일본 천왕에게 절하고 그들의 신사에 참배하는 행위는 나라를 배신하는 행위일 뿐만 아니라 내가 믿는 하나님에 대한 불신앙이었다.

"너는 나 외에는 다른 신들을 네게 있게 말지니라 너를 위하여 새긴 우상을 만들지 말고 또 위로 하늘에 있는 것이나 아래로 땅에 있는 것이나 땅 아래 물 속에 있는 것의 아무 형상이든지 만들지 말며 그것들에게 절하지 말며 그것들을 섬기지 말라"(출 20:4~5).

하나님은 이렇게 우리에게 말씀하셨다. 우리가 섬기고 절하고 숭배할 유일한 대상은 하나님밖에 없으시다.

마침내 회유와 협박이 통하지 않자 그들은 나를 결박해서 잡아갔다. 묶어 놓고 몽둥이질을 하고 협박을 했다. 나는 이를 악물고 참았다.

'예수님께서 다시 오신다고 하셨다. 예수님이 다시 오시면 하나님나라가 이루어진다. 우리 주님께서 친히 다스리실 것이다. 일본 천왕의 왕국은 영원할 수가 없다. 그 어떤 땅의 왕국도 영원할 수 없다. 오직 하늘의 왕국만이 영원하다.'

그런 믿음이 일본 앞잡이들의 참혹한 몽둥이질을 견디게 했다. 같은 동족을 박해하고 고문하는 조선의 순경들에 대한 분노와 연민이 교차했다. 나는 오히려 그들을 꾸짖었다.

"당신들은 조선 사람이 아닙니까? 같은 동족으로서 어찌 이럴 수 있습니까? 사람으로서 어찌 이럴 수가 있단 말이오?"

나의 말은 그들의 예민한 부분을 건드렸다.

"이런 건방진 놈! 어디 한번 당해봐라!"

화가 난 그들은 이성을 잃고 몽둥이로 나를 때리기 시작했다. 아주 죽일 작정을 한 사람들 같았다. 무자비하게 쏟아지는 구타와 매질로 나는 갈비뼈가 부러지고 정신을 잃었다.

그때 죽지 않고 산 것은 갈비뼈가 부러졌기 때문인지 모른다. 갈비뼈가 부러지지 않았다면 참혹한 고문은 계속되었을 것이고, 경찰서 밖으로 나오지도 못했을 테니까.

9. 해방을 위해 기도하다

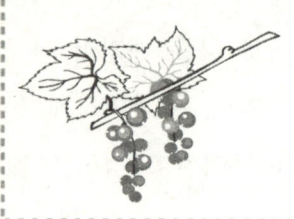

몸이 회복되어 가던 무렵에, 일제는 마을에서 생산된 곡식들을 일본으로 실어가기 위해 징발에 나섰다. 그런데 그 정도가 지나치게 심했다. 그해에 거둬들인 식량 전부를 깡그리 빼앗아갔다. 다음 해 농사를 위해 남겨둔 종자씨앗까지 공출해 가려고 했다.

난생 처음 땅을 사서 힘든 줄 모르고 농사를 지었던 우리도 곡식을 모조리 다 빼앗겼다.

"이건 날강도 짓이 아닌가!"

"그걸 다 가져가면 우리는 무얼 먹으란 말인가?"

마을 사람들은 원망하고 투덜거렸지만, 거역할 수가 없었다. 불평을 늘어놓는다고 해서 해결된다는 보장도 없었지만, 함부로 말을 꺼냈다가 무슨 봉변을 당할는지 모르는 일이었다.

나는 고문당한 후유증이 채 가시지 않아 집에서 쉬고 있었는데, 그런 소식을 듣고 가만히 참고 앉아 있으려니 울화가 터져서 견딜 수가 없었다.

'어찌 사람의 탈을 쓰고서 그럴 수가 있는가? 일본 사람은 일본 사람이라 그렇다고 하지만, 동족의 피눈물을 짜내며 앞잡이 노릇을 하는 조선 사람들은 뭐란 말인가? 빼앗긴 나라를 되찾자고 목숨 걸고 독립운동을 벌이는 인사들도 있는데…'

면장과 순경들에 대한 분노가 끓어올랐다. 한번 끓어오른 분노는 좀처럼 가라앉히지가 않았다.

나는 벌떡 몸을 일으켰다. 완전히 낫지 않은 몸을 이끌고 면장실로 쳐들어갔다. 마침 면장은 자리에 있었다. 나는 다짜고짜 면장의 책상을 둘러엎었다. 면장의 멱살을 잡고 주먹을 날렸다. 당황한 면장은 몸을 피했지만 나는 주먹질을 그만두지 않았다.

"에구구…!"

면장이 소리를 지르자 직원들이 우르르 달려들어서 나를 떼어놓았다.

무모한 짓이었다. 그렇게 해서 해결될 일이 아니라는 것쯤은 나도 잘 알았다. 그런다고 곡식을 빼앗아 가지 않을 리가 없고, 신사참배와 동방요배를 강요하지 않을 리 없었다. 그렇지만 그렇게라도 하지 않으면 분이 풀리지 않을 것 같았다. 죽을 각오로 하는 행동이기 때문에 두려운 것이 없었다. 그러나 그들이 나를 그냥 둘 리 없었다.

그 결과로 나는 정읍 유치장에 갇혔다. 이번에는 지난번과 다를 게 뻔했다. 나에게 무슨 위험이 돌아올지 아무도 모르는 일이었다. 최악의 경우 그들이 쥐도 새도 모르게 없애 버릴 수도 있었다.

유치장에 갇혀 있는 동안 내 머릿속에는 많은 생각을 하게 되었다. 어렸을 때, 나는 가난한 우리 집 걱정만 했다. 어떻게 해서든 돈을 벌어서 빚을 갚고 어머니와 동생들을 보살펴야 한다는 가장으로서의 사명감에만 붙들려 있었다.

그때까지의 나의 삶은, 나와 나의 연장에 불과한 가족이라는 작은 울타리 안에만 국한되어 있었다. 나를 지키고 가정을 돌보는 것 이상의 생각은 별로 하지 않았었다. 교회를 다니고 예수님을 주님으로 영접하고 나서도 그런 점은 크게 달라지지 않았었다. 어쩌면 나 자신과 우리 가족의 처지가 그만큼 딱하고 급했기 때문이었는지도 몰랐다.

그런데 유치장에서의 시간은 이제까지의 그런 생각을 돌아보게 했고, 반성하게 했다.

'공부를 하고 돈을 벌어서 나와 우리 가족만 잘산다면 그

것이 무엇이겠는가? 누군들 그 정도의 꿈은 가지고 살지 않겠는가?'

나는 일본으로 가기 전에 나타났던 타지 않는 불을 떠올렸다.

'타지 않는 불로 하나님은 내 앞에 나타나셨다. 하나님의 임재의 의미는 무엇일까?'

나는 곰곰이 곱씹었다. 모세에게 나타나신 것처럼 내게 나타나신 것이라면, 모세에게 나타난 불이 나에게 나타난 불과 같은 불이라면, 그 뜻은 나와 내 가족의 안락한 생활에만 있지 않을 것이었다. 나는 빼앗긴 나라를 되찾겠다고 살던 땅과 가족을 버리고 만주로 숨어들어 온갖 고생을 무릅쓰며 독립운동을 하는 사람들을 떠올렸고, 그들에게 심한 부끄러움을 느꼈다.

그 때문이었을까. 유치장에서 겨우 풀려 나왔을 때, 나는 고향을 떠나 만주로 향했다. 물론 고향에 더 머물러 있을 수가 없었기 때문이기도 했다. 고향에 있으려면 그들의 뜻에 따라야 했다. 그들이 요구하는 대로 신사참배도 해야 했고, 동방요배도 해야 했고, 내가 할 뿐만 아니라 사람들에게 하라고 권유를 하고 다녀야 했다. 그렇지만 그렇게 할 수 없었다. 죽어도 그렇게는 할 수 없었다. 그렇게 할 수 없었기 때문에 어쩔 수 없이 떠나야 했다.

'어차피 숨어 다닐 바에는 차라리 만주로 가자. 죽더라도 그곳에 가서 죽자.'

나는 그렇게 결심하고 고향을 떠났다.

독립운동을 하는 인사들을 만나 그들에게 합류하겠다고 작정하고 만주에 갔지만, 그 일도 여의치 않았다. 어느 새 나는 요시찰 인물이 되어 있었다.

나는 일경의 눈을 피해 다녀야 했다. 쫓기는 몸이라서 바람막이도 없는 한데에서 잠을 자야 했고, 먹을 것이 없어서 굶주리며 지내야 했다. 교민들의 집에 들어가 밥을 얻어 먹어가며 겨우겨우 목숨을 연명할 수밖에 없었다. 교민들은 일본인들에게 쫓기고 있다고 하면 밥을 주고 숨을 곳을 알려 주었다.

더 이상 버틸 수 없어 고향으로 내려왔다. 정읍제일교회에서 몇몇 여집사님들과 함께 금식하며 독립을 위해 기도했다.

사흘째 되는 날, 찬송가 248장을 불렀다.

'시온의 영광이-'를

'조선의 영광이-'로 바꾸어 불렀다.

'오래 전 선지자-'를

'오래 전 애국자-'로 바꾸어 불렀다.

기도하며 찬송을 열심히 불렀다. 부르고 또 불렀다. 눈물이 없이는 부를 수 없었다.

45년 8월 15일, 전화국에 다니는 집사님의 딸로부터 일본 천황이 항복했다는 소식을 듣고 연락이 왔다. 우리는 손을 잡고 기뻐 뛰며 하나님께 감사와 영광을 돌리며 찬송을 불렀다.

♪ 조선의 영광이 빛나는 아침
　어둡던 이 땅이 밝아오네
　오래 전 애국자 꿈꾸던 복을
　조선의 독립을 누리겠네 ♪

10. 고아원을 시작하다

그토록 우리 민족이 염원하던 해방은 되었지만 백성들의 살림살이는 말이 아니었다. 일본인은 물러갔지만 사회의 질서가 잡히지 않아 혼란이 극에 다다라 있었고, 곳곳에 전쟁과 식민지의 흔적들이 산재해 있었다.

36년 만에 되찾은 나라가 아닌가. 36년이 어디 짧은 세월인가. 그 동안 우리는 너무 많은 것을 잃었다.

길을 가다 보면 역전이나 다리 밑에 웅크리고 앉아 있는 부모 없고 집 없는 아이들이 눈에 띄었다. 집에 먹을 것이 없고, 부모들이 돌볼 처지가 되지 않은 아이들이 집을 뛰쳐나와 거리를 쏘다녔다. 그들은 거의 대부분 구걸을 하면서 살았지만, 다들 형편이 넉넉하지 않을 때라 그것도 용이하지가 않았다. 그들의 생활은 처참하기 짝이 없었다.

가난한 어린 시절을 살아왔기 때문에 나는 배고픔의 서러움을 누구보다 잘 알았다.

'저 가엾은 아이들을 어쩐단 말인가? 겨울이 오면 또 그 추위를 어떻게 견딘단 말인가?'

그런 아이들을 볼 때마다 내 심장이 안쓰러움으로 죄어들었다.

'저들을 위해 내가 무언가 해야 한다!'

나는 점점 더 강해져 오는 내 내부로부터의 목소리를 들었다.

나는 가족들을 위해 집을 지었다. 이제 더 이상 내 동생들은 한데서 잠을 자거나 먹을 것을 구걸하지 않아도 되었다. 나와 우리 가족이 만족해하고 있는 동안 저들은 허기와 추위에 지치고 외로움에 떨며 길거리를 헤매고 다닌다. 그들 앞에서 죄의식을 떨쳐 버릴 수가 없었다.

'저들에게 무슨 잘못이 있단 말인가? 저들이야말로 우리의 미래가 아닌가? 이 나라의 미래를 이끌고 갈 사람들이 바로 저들이 아닌가?'

저들을 저대로 길거리에 방치해선 안 되는 일이었다.

그때 머릿속에 일본인들이 떠나면서 버리고 간 적산가옥들이 생각났다. 정읍에도 적산가옥이 꽤 많았다. 나는 읍장을 찾아가서 역전이나 길거리를 떠돌아다니는 어린이들에 대해 말했다. 그들이 우리나라의 미래라는 사실도 상기시켰다. 읍장은 그것은 우리 정읍만의 문제가 아니라 전국적인 현상이라고 말했다.

"그러니까 괜찮다는 말씀은 아니지요?"

"그야 물론 아니지요. 하지만 방법이 없지 않습니까?"

"방법이 있습니다. 정읍 시내에는 일본인들이 남기고 간 적산가옥들이 있습니다. 그것들은 현재 대부분 비어 있는 걸로 압니다. 읍에서 관리하고 있다면, 비워 두는 것보다 좋은 쪽으로 활용하는 것이 낫지 않겠습니까?"

"그건 그렇지요."

"적산가옥을 이용합시다. 거리에 떠돌아다니는 아이들을 데려다 그곳에서 재우고 먹이고 합시다."

"좋은 생각입니다. 하지만 그 비용이 만만치 않을 텐데 어떻게 감당하겠습니까? 우리 읍에는 그런 예산이 없습니다."

"그건 제가 알아서 하겠습니다. 염려 마십시오."

읍장의 허락을 받아낸 나는 그 길로 정읍제일교회의 담임목사를 찾아갔다. 당시 정읍제일교회의 담임목사는 최상섭 목사였다.

나는 고아원을 만들자는 취지를 전하고 교회의 협조를

구했다. 최상섭 목사는 당연히 교회가 할 일이라며 흔쾌히 동조했다. 뜻을 같이하는 몇 사람이 가세했다. 삼남병원의 원장이 참여했고, 교회 신자들이 자원봉사를 맡았다.

길거리에 다니며 아이들을 만나면 적산가옥으로 데리고 갔다. 정읍의 최초의 고아원인 '정읍애육원'은 그렇게 태어났다. 나는 한동안, 그러니까 신학교를 가기 위하여 정읍을 떠나게 되는 이듬해까지 애육원의 책임자로서 아이들을 돌보며 지냈다. 양식이 없을 때는 두암까지 가서 양식을 구해다가 아이들을 먹이곤 했다.

집과 부모가 없는 아이들을 보면 어린 시절의 내가 떠올랐다. 배가 고팠고 추웠고 따뜻한 정이 그리웠던 어린 시절. 한 사회의 어른은 그 사회의 아이들이 인간으로서의 존엄성을 지닌 채 성장하도록 돌보고 지원할 책임이 있다.

아이들이 안전하게 성장할 수 있는 환경이 만들어져 있지 않은 사회는, 그 사회의 경제적·문화적 여건과 상관없이 후진 사회이고 미개한 사회이고 야만의 사회라고 할 수밖에 없다. 어른들은 아이들이 인간으로서의 존엄성을 지닌 채 성장할 수 있는 환경을 만들어주어야 할 의무가 있다. 어른이라는 것은 그런 의무를 가진다는 뜻이다.

# 3장 주의 종의 길

11. 신학교에 입학하다 /87
12. 신학교 시절-이명직, 이성봉, 김구 선생에 대한 추억 /92
13. 임동선 목사와 사상강연을 다니다 /99
14. 졸업 전 특별기도회를 하다 /105
15. 부임하기 전에 6·25를 맞다 /111
16. 동생 용채가 먼저 순교를 당하다 /117
17. 어머니, 순교하시다 /126
18. 순교한 사람들 /133
19. 다비다선교회를 만들다 /143

11. 신학교에 입학하다

이듬해 어느 날, 이시문 목사님이 나를 부르셨다.
"김 집사, 신학교에 가지 않겠습니까?"
불쑥 신학교에 가지 않겠느냐고 물으시니 나는 깜짝 놀랄 수밖에 없었다.
"네?"
"어려운 때입니다. 우리나라는 각 분야에서 활동할 인재를 필요로 합니다. 나라의 장래는 인물을 키우느냐, 키우지 못하느냐에 달려 있습니다. 인물은 태어나는 것이 아니라 키워야 합니다. 특히 앞으로 이 민족의 미래를 위해 교회는 각 분야의 인물을 키워야 합니다."
"네, 그렇지요…."
목사님은 말씀을 계속하셨다.

"그리고 무엇보다 중요한 것은 하나님나라의 복음을 전하는 일입니다. 우리나라가 잘 되려면 하나님의 축복을 받아야 합니다. 나는 김 집사가 어느 영역에서든 우리 사회가 필요로 하는 일꾼이 될 줄 압니다. 그러나 우리 사회가 필요로 하는 사람이 되는 것보다 더 중요하고 의미 있는 것은, 하나님의 교회에서 일꾼이 세워져야 하는 일입니다. 좋은 지도자는 교회에서 나오기 때문이지요. 나는 김 집사가 신학을 공부해서 하나님의 종이 되었으면 좋겠습니다."

사실 목사님의 권고는 내겐 좀 뜻밖이었다.

솔직히 말하면, 그때 나는 정치에 관심이 좀 있었다. 나라의 힘을 키우고 국민들을 잘살게 하는 일이 중요하고 시급하다는 판단을 하고 있었던 때였다. 막연하긴 했지만, 새로 세워지는 나라를 위해 무언가 의미 있는 역할을 할 수 있기를 바라는 마음이 있었다.

하나님에 대한 믿음에는 흔들림이 없었지만, 신학 공부를 한다는 생각은 하지 않고 있었다. 하나님의 종이 된다는 일이 워낙 크고 엄청난 일이라고 생각되어서였다.

'하나님의 종은 아무나 되는 게 아니야. 하나님께로부터 특별한 부르심을 받아야 해. 나는 그럴 만한 자격이 없는 사람이야.'

그것은 두렵고 떨리는 일이었다.

목사님은 몇 차례나 반복했고, 그 말을 할 때는 어느 때보다 진지했다. 그러자 나에게는 큰 부담이 되었다. 하나님의 부르심이 있는지 없는지 알아야 되겠다는 생각을 하게 되었다.

나는 교회에 나가 하나님 앞에 무릎을 꿇었다.

"아버지 하나님! 이건 제 인생에서 아주 중요한 문제입니다. 하나님! 저는 주님의 뜻을 따르며 살기를 원합니다. 주님의 뜻이 무엇입니까? 주님께서 저에게 원하시는 것이 무엇입니까? 제가 어떤 삶을 살아야 합니까?"

한참 기도하는데, 머릿속으로 몇 가지 일이 뚜렷이 떠올랐다.

그 하나는, 내가 열여덟 살 때, 교회에 나가고 얼마 되지 않아서 원로 장로님이셨던 박영기 장로님이 김금주 집사님에게 용은 청년은 장차 큰 사람이 될 거라고 하셨다고 한다. 그 말은 기분 나쁘지 않았다. 그러나 나는 어른들이 듣기 좋으라고 하는 덕담 수준 이상의 말로는 생각하지 않으려고 했었다. 우리는 흔히 어린이들이나 젊은이들에게 큰 사람이 되라는 뜻으로 그런 덕담을 하지 않는가. 그런데 그 순간, 문득 그 장로님의 그 말이 새삼스러운 무게를 가지고 떠올랐다.

'큰 사람이 된다는 것은 무엇일까?'

이어서 떠오른 연상은 일본으로 가기 전에 내 앞에 나타났던 불이었다. 나뭇잎에 붙은 불, 그러나 타지 않는 불. 모세에게 나타났던 것과 유사한 불. 그 불은 나를 이끌고 항구로 데려갔던 것이었다!

어렵고 힘들 때마다 그 불을 떠올렸었다. 일본에서 낮에 일하고 밤에 공부할 때, 흥남에서 일본인들의 간섭과 방해를 받으며 사업을 할 때, 고향으로 돌아와 일본인들에게 붙잡혀 죽음의 문턱을 넘나드는 고문을 받을 때, 쫓기며 만주를 하염없이 떠돌 때…. 그때마다 나뭇잎에 붙어 타지 않던 그 불을 떠올렸다. 그런 뜻에서라면 그 불길이 그때까지 내 인생을 인도해 왔다고 할 수도 있었다.

'모세에게 나타난 불이 나에게 나타났다면, 하나님께서는 내가 하나님의 종이 되기를 바라고 계신 것일까?'

참으로 큰 인물이란 이 땅의 나라의 지도자가 아니라 하나님나라의 지도자, 영적인 지도자라는 사실이 깨달아졌다.

예수님은 자신의 나라가 이 땅에 있지 않다고 선언하셨다. 사람들은 예수님을 오해했다. 추종자들도 오해했고 박해자들도 오해했다. 그들은 예수가 땅에 속한 메시아, 정치적 구원자라고 생각했다는 점에서 한 통속이다. 예수님은 자신의 왕국이 땅에 있지 않다고 했지만 사람들은 그 말을 바로 이해하지 못했다. 예수님은 땅에서는 실패하셨다. 그러나 그가 실패하지 않은 것은 그의 왕국이 보이는 땅이 아니라 보이지 않은 영의 왕국이었기 때문이다.

그런 생각들이 내 눈을 뜨게 했다. 나는 땅의 왕국이 아니라 하늘의 왕국을 보았다. 나는 이 땅을 위해 일하는 것도 중요하지만, 하늘나라를 위해 일하는 것은 더욱 중요하다는 사실을 깨달았다. 하나님이 여기까지 나를 이끄신 것은 하늘나라를 위해 아주 작은 일이나마 무언가 할 일이 있기 때문이라는 사실도 깨달았다.

'그래! 신학교에 가자!'

나는 기꺼이 신학교에 가기로 결심했다. 내가 평생을 살면서 했던 수많은 결정 가운데 가장 자랑스러운 결정이었다. 그 이후 나는 단 한 번도 그 결정을 후회해 본 적이 없었다.

12. 신학교 시절
−이명직, 이성봉, 김구 선생에 대한 추억

신학교는 서울의 서대문 아현동 애오개 고개에 자리하고 있었다. 늦게 시작한 공부라 쉽지는 않았다. 그래도 공부를 할 때 나는 그 어느 때보다 활력이 솟았으며 보람을 느꼈다. 옛날부터 공부를 할 때면 의욕이 생기고 기분이 좋아졌다.

신학교에서 많은 은사들로부터 큰 배움을 입었다. 신학교의 선생님들은 학문만이 아니라 인격이나 신앙에서 훌륭한 본을 보이셨다. 그분들은 그리스도의 종으로 산다는 일의 보람과 인내를 알게 했다.

누구보다 신학교 시절, 이명직 목사님과 이성봉 목사님을 만난 것을 나는 내 일생에 있어서 매우 큰 축복으로 여기고 있다. 그분들을 만나 신학과 인격과 믿음에 대해 배우면서 깊은 존경심을 갖게 되었고, 그 존경심은 이후 한 번도 내 마음에서 사라지지 않았다.

이명직 목사님은 청렴하고 깨끗한 생활을 하신 분이었다. 무엇보다도 교단에 대한 사랑이 깊어서, 성결교단을 성결의 복음으로 토대를 놓는 데 큰 공을 세우셨다. 우리가 그분을 성결교단의 교부로 부르는 것은 그런 이유에서 하는 말이다.

이런 일이 있었다. 제자들 몇이 목사님의 댁을 방문했었다. 손님들을 접대하긴 해야겠는데, 그럴 만한 것이 없었던지 사모님은 살림살이를 팔러 나가셨다. 물론 우리는 그 사실을 알지 못했다. 나중에 그 사실을 알고서 얼마나 송구스러워했는지 모른다. 그런데 그런 일이 한두 번이 아니었다고 한다.

이성봉 목사님으로부터 나는 기도를 배웠다. 참으로 그분은 기도의 사람이었고, 또 인격자였다.

내가 섬겼던 군산 중동교회에는 명직기념관과 성봉기념관이 있다. 그것은 그 두 분에 대한 나와 중동교회 성도들의 존경의 표시이다. 나는 중동교회 성도들이 명직기념관과 성봉기념관을 드나들면서, 첫째는 성결신앙의 전통을 이어 성결된 삶을 살기를 바라고, 두 번째로는 기도와 복음전파에 힘쓰며 살아가도록 하기 위함이었다.

이명직 목사 기념사업위원회의 회장을 오랫동안 맡아 온 것이나 성봉선교회의 설립을 추진한 것들도 같은 이유에서이다.

이성봉 목사님의 이름을 딴 성봉선교회는 이성봉 목사님의 3주기 추도식 때 결성되었다. 그 추도식 자리에서 '말로 못하면 죽음으로'라는 목사님의 좌우명을 생각했다.

'목사님의 사랑을 남달리 많이 받은 내가, 목사님의 고귀한 삶을 후학들에게 전해 주어야 한다.'

나는 절실하게 그 필요를 느끼고 있었다. 그래서 예배 후 나는,

"목사님의 성결한 삶, 기도의 삶, 복음전파의 열정을 후손들에게 전해 주기 위해 선교회를 조직합시다."

라고 제안을 했다.

내 제안을 들은 사람들이 기뻐하며 박수로 받아들였다. 목사님의 사모님과 자녀들을 중심으로 기금이 모아졌다. 나도 작은 힘을 보탰다. 목사님을 존경하는 사람들이 적극적으로 이 일에 동참했다.

나는 요즘도 기도할 때면, 이명직 목사님과 이성봉 목사님의 자손들을 위해 기도한다. 그것은 사랑을 받은 제자로서 두 어른의 사랑에 보답하고픈 마음에서이다. 두 분은 성

결교단뿐만 아니라 한국교회에 큰 영향을 끼치신 분이다. 당시 타교단에서도 목회자의 길을 가려면 서울신학교로 가라고 해서 온 사람들이 많이 있었다. 실력과 신앙이 겸비한 교수님들이 많이 있었기 때문이었다.

신학교 입학하기 전에 사업하던 경력이 있어서 그랬는지, 신학교에 다니면서도 그냥 공부만 하지는 않았다. 서대문에서 한국일보의 전신인 대동신문과 평화신문 지국을 운영했다. 그리스도의 종이 되어 복음을 전하며 살겠다고 결심하고 신학교에 오긴 했지만, 마음 한구석에는 어쩌면 사회사업에 대한 관심도 있었고 정치에 뜻도 있었다. 신문지국의 운영은 그런 현실에 대한 내 관심의 뜻을 같이한다. 내가 맡고 있는 서대문 지역을 위해서, 본사 편집국에 들어가 서대문 지역에 대한 기사를 많이 쓰라고 요청했던 기억이 난다. 그래야 아무래도 신문 구독률이 높아지기 때문이다.

당시에는 생활이 어려운 신학생들이 많았다. 신학생만이 아니라 대학 공부를 하는 대부분의 학생들이 고학생이었다. 스스로 등록금을 벌고 용돈이며 밥값을 벌어야 하는 처지에 있는 학생들이 대부분이었다.

나는 되도록 생활이 어려운 신학생들에게 일을 주고, 숙식이 어려운 친구들에게는 숙소도 제공했다. 내가 운영하는 신문지국에는 그런 신학생들이 많이 거쳐 갔다.

　신학 공부를 하면서도 내가 사회사업이나 현실정치에 대한 관심을 아주 버리지는 않았다는 또 하나의 사례는 김구 선생과의 교분을 들 수 있다.
　김구 선생은 위대한 민족주의자였고, 그 당시 국민들의 기대와 존경을 받고 있었다.
　1945년 11월 23일, 김구 선생은 독립운동을 하던 중국으로부터 우리나라로 돌아오셨다. 그때 우리나라는, 북쪽은 소련군이 남쪽은 미군이 주둔하고 있었다. 김구 선생은 이렇게 되면 결국은 우리나라가 갈라지고 나아가서는 서로 전쟁을 할 것이니, 통일국가를 이루어야 한다고 전국을 다니며 힘주어 말씀하셨다. 남과 북이 갈라지면 안 된다는 주장이었다.
　그러나 나라 안 사정은 점점 어려워만 갔다. 미국과 소련은 각각 자기들의 뜻에 맞는 나라를 세우려 고집했기 때문에 남쪽과 북쪽에 다른 체제의 정권이 들어설 판이었다. 이러다간 38선이 영원히 이 땅을 두 동강으로 갈라놓을 것만 같았다. 김구 선생은 그런 일이 있어선 결코 안 된다고 하시면서 국민들을 향해 호소하고 남쪽과 북쪽의 지도자들을 향해 호소했다.

우연한 기회에 나에게 그분과 만날 수 있는 기회가 주어졌다. 고향 친구 가운데 한 사람이 김구 선생의 비서실에 근무하고 있었다. 그 친구에게 놀러 다니다가 자연스럽게 김구 선생과 인사를 하게 되고 대화도 하게 되었다.

김구 선생은 기회 있을 때마다 우리 민족이 하나가 되어야 한다는 점을 역설하셨다. 젊은이들에게 민족주의의 신념을 심어 주기 위해 애쓰셨던 김구 선생은 나와 대화할 때도 언제나 진지하고 열성적이었다.

"36년 동안이나 일제의 식민 지배를 받고 살았는데, 어렵게 해방을 이룬 마당에 우리 민족이 갈라져서 살아선 안 됩니다!"

이렇게 통일 당위론을 말씀하시며 열변을 토하실 때면, 그 힘에 압도당하지 않을 사람이 없었다.

나 역시 그분에게 압도당했다. 나는 처음에는 친구를 만나러 놀러가곤 했으나, 나중에는 김구 선생을 뵙고 말씀을 듣기 위해 더 자주 찾아갔다.

선생이 남한 단독 정부 수립에 반대하고 하나 된 조국의 건국을 위해 직접 북한의 지도자를 만나겠다고 결단하고 경교장 뒷문으로 빠져나갈 때 나도 그 현장에 있었다. 모인 사람들은 성공을 기원하는 마음으로 박수를 치고 격려했다. 그것이 내가 본 그분의 마지막 모습이 아니었던가 싶다.

그러나 북한정부 지도자가 통일정부를 세우려는 열의가 없다는 것을 안 김구 선생은 남쪽으로 돌아온 후, 통일조국을 이루기 위한 여러 가지 일을 꾸미셨다. 그러나 이듬해 그분은 안두희의 총에 맞아 세상을 떠나셨다.

▲ 이명직 목사님(가운데 한복 입으신 분)과 함께 선유도에서

13. 임동선 목사와 사상강연을 다니다

우리 마을에는 교회가 없었다. 그래서 4Km가 넘는 곳까지 예배를 드리러 가곤 했다.

신학 공부를 해서 목사가 되기로 결심한 후, 맨 먼저 내 눈에 들어온 것이 바로 예배를 드리기 위해 먼 길을 걸어가는 마을 사람들의 모습이었다.

나는 우리 고향에 교회를 세워야겠다고 마음먹었다. 교회는 이 땅에 세워진 하늘나라이다. 그러므로 교회는 많으면 많을수록 좋다는 것이 내 생각이다. 교회의 숫자가 늘어나는 것은 이 땅 위에 하늘나라가 그만큼 넓어지는 것이다. 교회는 아무리 많아도 지나치다는 법은 없다. 내가 목회 생활을 하면서 어려운 여건 속에서도 몇 차례 교회를 지은 것은 그런 나의 생각 때문이었다.

내가 최초로 개척한 교회는 고향 마을에 지은 두암교회였다. 1949년 1월 가족들과 고인복 집사님, 김선신 집사님 등을 모시고 고향인 애당에서 두암교회 개척 예배를 드렸다. 감격스러웠다. 비로소 하나님의 아들이 된 듯한 느낌이 들었다. 나는 하나님을 아버지라고만 부르기를 좋아했지, 내가 그의 아들이라는 생각까지는 잘 하지 못했었다. 하나님이 아버지 역할을 해 주시기만을 바랐지, 내가 아들 노릇을 할 생각은 잘 하지 못했다. 그런데 그 순간, 이제 정말로 하나님의 아들이 된 듯한 기분이 들었다.

흥남에서 돈을 좀 벌어서 어머니를 위해 집을 한 채 지어 드렸을 때, 아들의 도리를 조금이나마 한 것 같아서 한없이 마음이 뿌듯했었다. 하나님이야 우리 어머니처럼 거처할 곳이 없어서 집을 필요로 하실 리가 없지만, 그래도 내 딴에는 아버지를 위해 집을 한 채 지어 드렸다는 만족감이 있었다.

신학을 공부하기 위해 서울로 가 있는 틈틈이 고향으로 와서 두암교회를 섬겼다. 예수님을 영접한 뒤 누구도 따라올 수 없는 열정으로 하나님을 섬기던 어머니는 두암교회에서 거의 교역자처럼 봉사했다.

시어머니와 시어머니 친구들과 집안 어른들을 초대해서 식사를 정성껏 대접하여 교회가 어른들을 섬기는 본을 보여 주었다. 앞날의 교회를 위해서 어린아이들, 중고등학생들에게도 열심히 전도하며 양육했다. 또 병든 자, 어려운 자를 돌아보면서 전도했다. 집안 조카 되는 아이가 대학을 졸업하고 직장에 다니다가 폐결핵으로 죽었다. 동네 사람은 물론, 집안사람들까지 멀리하고 갓 결혼한 신부가 두려움 속에 시동생의 시신을 지키고 있었다. 그 집은 외딴집이었고 적막한 곳이었다. 이곳을 찾아 밤새도록 함께 있으면서 위로해 주었고, 그리스도의 사랑을 나누었다. 이 가정이 복음화가 되어 장로도 배출되었다. 그 덕택에 교역자도 없는 두암교회였지만 일취월장으로 성장해 갔다.

나는 그때 신학교를 다니면서 서대문에 있는 신문사 지국을 운영하고 있었기 때문에 두암교회를 돌볼 수가 없었다. 그러나 한국전쟁이 일어나고, 우리 가족이 큰 변을 당하기까지 두암교회는 나의 교회였다.

그 무렵 우리나라는 사회적으로 몹시 어수선하고 불안했다. 독립은 되었지만, 나라의 형태가 채 갖춰지지 않았고, 거기다가 남쪽과 북쪽에 각각 다른 이념을 가진 나라를 세우려는 세력들에 의해 긴장과 갈등이 만연했다. 국민들도 누구의 말을 듣고 어느 길로 가야 할지를 몰라서 갈팡질팡했다. 사상의 혼란은 더더욱 심했다.

내가 생각하기에, 그 당시 우리나라의 가장 시급한 당면 문제는 가난으로부터 벗어나는 것과 우리 힘으로 나라를 세우는 것이었다. 그러기 위해서는 농촌계몽과 바른 사상을 심어 주는 것이 무엇보다 중요했다.

그래서 가난을 극복하고 농촌을 살리기 위해 농가에 고구마 종자를 보급하는 일을 시작했다. 다른 지역에서는 잘 모르겠지만, 내가 사는 면소재지에서 고구마 농사가 시작된 것은 내가 종자를 가져다 농가에 보급했기 때문이었다.

잘사는 농촌을 만들기 위한 노력 이상으로 필요한 것이 올바른 사상을 가르칠 필요를 느꼈다. 나도 한때 순수한 이념으로서의 사회주의에 약간 동조하였었다. 당시의 식자들 가운데 사회주의 사상에 대한 관심이 전혀 없는 사람은 없었다.

그러나 나의 관심은 사회 참여와 민족주의 정신의 흐름 위에서 생긴 것이었지, 공산주의 체제에 대한 것은 아니었다. 오히려 사회주의 사상에 관심을 기울였던 당시의 많은 지식인들도 시간이 지나면서 북한의 공산주의 체제에 환멸을 느끼고 사회주의 사상을 포기하는 예가 많았다. 나 또한 그런 사람 가운데 한 명이었다.

그리고 무엇보다 김구 선생으로부터 받은 사상적 교육이 나도 모르게 나로 하여금, 이 나라의 진로를 알 수 없어 불안해하는 국민들에게 건전한 민족주의의 비전을 제시하도록 요청했다.

내가 임동선 목사와 함께 농촌을 돌며 이른바 사상교육이라는 것을 한 것은 그런 맥락이었다.

임동선 목사는 이북에서 월남하여 서울신학교에서 신학을 공부한 분으로 우리 민족의 나아갈 방향에 대해 확신을 가지고 있었다. 공산체제를 체험하고 김일성과 직접 접촉도 했던 분이어서 경험에서 우러나오는 공산주의에 대하여 정체를 누구보다 확실히 알고 있어서 많은 사람들의 마음을 민주주의에 뿌리를 내리도록 했다. 나중에 부흥사로 이름을 떨치게 되는 그의 열정적인 연설은 사람의 마음을 움직이는 힘이 있었다.

우리는 소성면, 입암면, 성내면소재지 학교를 빌려 강연을 했다. 민주주의 정신을 고취하고, 통일에 대한 비전과 주인의식을 불러일으키는 데 주력했다.

"우리 스스로 주인이 되어서 나라를 일으키고, 남에게 의존하지 않을 힘을 키워야만 합니다!"

피를 토해내듯 열정에 찬 연설은 많은 사람들의 마음에 확신을 갖게 하였다. 그러기 위해서는 근면해야 하고 성실해야 하고 정직해야 한다고 역설했다. 그리고 신앙을 갖도록 했다.

1950년, 우리나라에 전쟁이 발발함으로써 사상의 혼돈과 민족의 장래에 대한 우려가 현실로 드러났다. 아쉽고 원통한 일이었다. 그리고 매우 슬픈 일이었다.

누구보다 우리 가족에게 참을 수 없는 슬픈 일이 기다리고 있었다. 물론 아무도 그 사실을 예감하지 못했다.

14. 졸업 전 특별기도회를 하다

시간이 흘러 졸업반이 되었다. 우리가 신학교를 다닌 시기는 사회적으로 혼란스럽고 불안정한 시기였다. 그러다 보니 시간이 빨리 흘러간 것 같았다. 만학도인 나로서는 학교 공부만이 아니라 신문사 지국을 운영하고 사상교육을 하러 다니는 등 사회적 활동을 하다 보니 더 그렇게 느껴졌다.

평생을 복음을 위해 바치겠다는 사명감을 가지고 신학교에 들어왔지만, 막상 졸업을 한다고 하니까 긴장이 되었다. 세상에 나가서 정말로 주의 종으로 살 수 있을지 겁도 났다. 개인적으로는 사회적 활동에 대한 미련이 조금 남아 있는 상태였다. 예컨대 주님의 복음으로 무장하고 정치판에 뛰어들어보고 싶다는 열망이 희미하게나마 남아 있었다. 김구 선생이 암살당한 후 많이 약해지긴 했지만, 완전히는 아니었다.

무언가 결단을 내려야 했다. 내 모습은 이것도 저것도 아니었다. 정치적 관심을 현실화하기에도 준비가 모자랐고, 주님의 종으로서 복음을 전하고 살기에도 충분히 훈련되지 않았다는 판단이었다.

이 상태로 졸업을 해 버리면 어떻게 할 것인가? 마음이 불안했다. 졸업을 하기 전에 무언가 분명해져야 했다. 목회를 할지 말지도 확실하지 않았지만, 목회를 한다고 하더라도 그 일을 어떻게 감당해낼 수 있을지 자신이 생기지 않았다.

'졸업장을 가지고 하나님의 일을 하겠는가? 그럴 수 없다. 목회는 졸업장의 힘으로 하는 것이 아니라 성령의 능력으로 하는 것이다. 세상은 영의 전쟁터이다. 성령을 체험하지 않고 어떻게 전쟁터에 나가 싸우겠는가?'

나는 마음을 강하게 먹고 졸업 전에 40일 동안 특별기도회를 갖기로 작정했다. 기숙사에 있던 몇 명의 학생들에게 내 뜻을 전했다.

"얼마 있지 않으면 우리는 졸업을 하게 된다. 졸업을 하면 복음을 들고 세상으로 나가야 한다. 우리가 졸업장을 가지고 목회를 하겠는가? 그것은 종이 조각에 불과한 것이 아니냐? 우리에게는 진정한 힘이 필요하다. 우리는 성령을 체험해야 한다. 나는 40일 동안 특별기도회를 할 생각인데, 나와 함께 기도할 사람이 없는가?"

처음에 나처럼 졸업을 앞둔 대여섯 명의 동료 학생이 뜻을 같이해 왔다.

우리는 저녁에 모여 기도를 시작했다. 우리에게 하나님으로부터 오는 진정한 힘을 주십사고, 그 힘을 가지고 세상에 나가 승리하게 해 주십사고 기도했다. 그 날이 1950년 4월 1일이었다.

사흘쯤 지나자 우리가 기도하는 자리에 학생들이 찾아왔다. 그들 역시 뜨겁게 기도하며 성령을 구했다. 시간이 지나면서 기도회에 참석하는 학생들의 숫자가 조금씩 많아졌다. 나중에는 1, 2학년 학생들까지 합류했다. 소문이 퍼져 나가면서 거의 전교생이 기도회에 참석했다. 일주일쯤 남겨 놓고는 신학교의 전체 교수들이 참석한 채 수업을 중단하고 기도회를 열었다.

다섯 명 정도가 시작한 소규모의 합심기도가 요원의 불길처럼 타올라 신학교 전체를 태웠다. 합심기도는 눈물바다를 이루었다. 거의 모든 학생과 교수들이 회개하고 성령을 체험하는 놀라운 일이 일어났다. 이때 많은 회개의 역사가 일어났다.

그 뜨거운 용광로 속에서 나도 하나님께 눈물로 회개했다. 이상했다. 까맣게 잊고 있었던 어린 시절 한 토막이 선명하게 떠올랐다.

친구들과 능금밭에 들어가 주인 몰래 따 먹은 일이 생각났다. 또 남의 집에서 잔심부름을 하며 끼니를 해결하고 있던 무렵, 나는 그 집 마당에 떨어져 있던 50전짜리 돈을 주워서 몰래 써 버린 적이 있었다. 당시에는 양심이 뜨끔했지만, 곧 잊어버리고 지냈다. 그 이후 별로 양심의 가책 같은 것도 느끼지 못했었다. 도둑질을 한 것도 아니고, 누구에게 빼앗은 것도 아니었기 때문이었다.

그런데 성령이 충만해지고 가슴이 뜨거워지는 순간, 무슨 작용이었는지, 그때 일이 떠오르면서 눈물이 왈칵 쏟아졌다.

나는 당장 고향 마을에 살고 계시던 작은아버지께 그때 내가 쓴 돈의 다섯 배를 더하여 주고, 양동리의 옛날 주인 집에 찾아가 갚게 했다. 그 집 주인으로서는 생각지도 못한 돈을 받은 셈이었다. 생각지도 않은 돈이 생긴 게 중요한 것이 아니라, 자기가 꾸지도 않고, 아무도 알지 못하는 과거의 일을 스스로 공개해 가며 돈을 보내온 사람의 처사가 참으로 인상적이었던가 보았다. 주인은 그 돈을 쓰지 않고 가보로 간직하겠노라고 했다 한다.

성령은 우리가 기억조차 하지 못하는 죄를 기억나게 하여 회개하게 한다는 사실을 그때 깨달았다. 아마도 과거의 시간에 지은 죄의 짐을 진 채로 하나님의 일을 할 수는 없기 때문이었을 것이다.

또 하나의, 그보다 더 무겁고 간절한 회개가 있었다. 하나님께 헌신하기로 해놓고 어정쩡하게 사회로 나가 정치적 활동을 해 보고 싶다는 다른 마음을 품고 있었던 내 자신을 눈물로 회개했다. 아니, 그것은 내가 한 회개가 아니었다. 저절로 눈물이 나오고 회개가 나왔다. 성령이 나에게 회개를 시키는 것이라고 생각하지 않을 수 없었다. 그 자리에 성령은 나를 찾아오셨다. 그 뜨거운 용광로 속에서 나는 하나님 아버지께 약속했다.

"다시는 다른 마음을 먹지 않겠습니다. 다시는 다른 생각을 하지 않겠습니다. 저를 온전히 주님의 도구로 사용하십시오. 저는 오직 하나님나라의 일꾼으로만 살겠습니다."

하나님의 종으로만 평생을 살겠다는 맹세를 그 순간에 했다. 정치에 대한 관심을 과감히 덮었다. 목회자로만 살겠다는 그 결심은 신학교를 가기로 했던 결심만큼 중요했다. 왜냐하면 그때의 성령 체험과 결단이 내 인생 전체를 완전히 헌신하여 목회자로 살도록 했기 때문이다.

그때 이후 나는 목회 외에 아무것도 하지 않았다. 나는 단지 목회자이기만을 원했고, 목회자로 만족했다. 후회는 없다. 나는 언제나 주어진 여건 안에서 최선을 다하고자 노력했다. 사람의 뜻보다는 하나님의 뜻을 먼저 묻고, 그 뜻에 따라 살려고 노력했다. 무엇이 되겠다든가 무슨 업적을 이루겠다든가 하는 욕심 같은 것에 휩쓸리지 않고 살았다.

나는 그저 하나님이 내게 맡기신 성도들과 교회만을 섬기고 봉사하며 살고자 했다.

나는 군산 중동교회를 개척한 후 은퇴할 때까지, 아니, 은퇴한 후에도 한 교회만을 섬기고 있다.

내가 졸업을 앞둔 신학교에서의 40일간의 특별기도회를 잊을 수 없는 것은, 목회자로서의 내 삶이 그때 이미 정해졌기 때문이다. 이 기도는 후에 성결교 제2부흥이라고도 말하는 사람도 있다. 김태구 목사님이 신학교 사감으로 있을 때, 길보른 목사님이 6·25 직전에 있었던 기도 부흥이 신학교에 다시 일어났으면 좋겠다고 했다는 말을 전해 들었다.

15. 6·25를 맞다

1950년 5월 23일, 서울신학교를 졸업한 나에게 첫 임지가 주어졌다. 정진경 목사가 시무했던 공주교회였다.

첫 사역지로 부름을 받은 나의 마음은 기대와 꿈에 부풀었다. 은근히 흥분도 되었다. 졸업 전의 특별기도회를 통해 얻은 은혜가 충만하던 때였다. 기도회를 통해 내 인생의 길은 정해졌다. 뒤돌아보지 않고 한눈팔지도 않았다. 이제 나는 오로지 목회자의 길을 걷기로 했다. 성령이 나와 동행한다는 확신이 있었기 때문에 두려움도 없고 걱정도 없었다. 어디를 가든지, 누구를 만나고 무슨 일을 당하든 꺼릴 것이 없었다. 나는 성령으로 충만함으로 준비하고 있었다.

공주로 부임하기 위해 가족을 데리러 고향인 정읍으로 갔다. 부임준비를 하며 가족들과 시간을 보내고 있을 때 전쟁 소식을 들었다. 꿈에도 생각지 못한 일이었다. 누군들 예측이나 했을까? 6·25는 청천벽력과 같이 우리 민족에게 들이닥쳤다. 그것은 누구에게나 재앙이었겠지만 우리 가족에게는 더욱 그랬다.

당연히 공주로 떠날 수가 없었다. 어디로도 갈 수가 없었다. 졸업 후 나의 첫 사역지는 공주교회였지만, 그러나 생각해 보면, 두암교회야말로 목회자로서의 나의 첫 사역지였다. 신학교를 들어간 후 나는 고향 마을에 교회를 개척하고, 섬겼다. 내가 없는 동안 어머님의 헌신적인 기도와 심방과 봉사를 통하여 많은 사람들이 교회를 나왔다. 농촌 교회로서는 보기 드물게 청소년들이 많이 나왔다.

그런데 전쟁이 터졌다고 두암교회와 고향을 두고 다른 곳으로 떠난다는 것은 옳은 일이 아닌 것 같았다. 발이 떨어지지 않았다. 나는 고향에 머물며 마을 사람들과 교인들에게 믿음과 나라를 지키자고 호소했다. 상황이 힘들고 앞으로 어떻게 전개될지 모르지만, 무슨 일이 있더라도 공산당에게 협조하지 말 것을 당부하기도 했다.

7월에 공산군이 정읍에 들어왔다. 그들은 들어오자마자 교회를 박해하기 시작했다. 당시 정읍은 좌익의 활동이 맹

렬한 편이었다. 공산주의에 감염된 소작농 가운데 인민군에 가담한 자가 많았고, 일제치하의 조선인 하수인들이 그랬던 것처럼, 그들은 인민군보다 더 악독하게 굴었다.

그들은 밤마다 구두를 신은 채 방으로 들어와 인민군에 협력하라고 협박했다. 협력하지 않으면 정치보위부에 끌고 가 모진 고문을 가했다. 사상이 불순하다는 혐의를 씌워 사람들 앞에서 공개적으로 처형하는 일도 일어났다. 무법 천지였고 그들의 세상이었다. 마을은 극도의 공포에 휩싸였다. 마을 사람들 가운데서 오직 살기 위해 그들의 요구를 받아들이고 협조하는 사람이 생겨났다. 목숨을 부지하기 위해서는 어쩔 수 없는 상황이었다.

그들이 나를 가만 둘 까닭이 없었다. 나는 정치보위부로 끌려갔다. 나는 마을 사람들을 괴롭히고 처형하는 일을 하지 말라고 요구했다. 그들은 당신 목숨이나 잘 간수하라고 말하며 비웃었다. 그들은 나에 대한 이력을 모두 알고 있었다. 내가 일본과 서울에서 공부하고 사업해서 돈을 벌고 예수까지 믿는 악질로 규정했다. 아마도 동네 사람들 가운데 누군가로부터 정보를 얻었겠지만, 그들은 내가 1년쯤 전에 임동선 전도사와 함께 시국 강연을 하고 다닌 사실도 알고 있었다. 말이 시국 강연이지 그것은 사실상 공산주의의 허구성에 대한 비판이었다. 그들에게는 내가 용납할 수 없는 '인민의 적'이었다.

그러나 그들은 나를 잘 회유해서 자기편으로 만들 수만 있다면 나름대로 이용가치가 있을 거라고 판단한 듯했다.

그들은 자기들에게 협조하고, '인민들의 낙원'을 건설하는 데 동참하라고 말했다. 주민들을 동원하는 데 역할을 해달라는 것이었다. 하는 짓이 일본군들이 내게 요구했던 것과 똑같았다. 하지만 일본군들에게 협조할 수 없었던 것처럼 인민군들에게도 협조할 수 없었다. 신사에 참배할 수 없었던 것처럼 '인민들의 낙원'이라는 환상에 속을 수도 없었다. 나는 신학교를 졸업한 전도사였고, 더구나 마을 사람들에게 공산주의에 물들지 말 것을 역설하고 다녔던 사람이었다.

한 입으로 두 말을 할 수는 없었다. 그것은 인간으로서 할 수 있는 일이 아니었다. 나는 그들의 요구를 거부했다.

"당신 목숨이 달린 문제요. 잘 생각해 보시오."

"열 번, 백 번을 생각해도 대답은 같소."

"그래도 잘 생각해 보시오. 지금 이 순간부터 예배는 없소. 일체의 종교 행위는 중단될 것이오."

그들은 협박하고 회유했다. 협박과 회유를 통해 나의 마음을 돌려 보려고 했다.

"예배중단이라니? 당신네들은 신앙의 자유를 보장한다고 하지 않았소?"

내가 반문하자, 정치보위부의 책임자는 물론 신앙의 자유가 보장되어 있지만, 지금은 전시이기 때문에 당분간 중단시키는 거라고 변명했다. 말이 안 되는 소리였다. 어려운 때일수록 더욱 필요한 것이 신앙이었다. 위급하고 궁지에 몰렸을 때 보장되지 않는 신앙의 자유가 안정되고 평화로운 상황에서 보장될 수 없다. 평화시에 보장되는 신앙의 자유라면 전시에는 더욱 보장되어야 마땅했다.

▼ 두암교회 뒷동산에서 온 가족이 모임을 갖고

그것은 예배 중단이라는 받아들일 수 없는 조치를 통해 나의 항복을 받아내고 주민들을 자기들의 필요대로 동원하겠다는 술책에 지나지 않았다. 그런 식의 야비한 술책을 쓰는 자들이라면, 설령 그들의 요구대로 협조를 한다고 해도 약속을 들어 줄 거라고 확신할 수 없었다. 그들은 믿을 수 없는 자들이었다. 그들의 말을 들을 이유가 없었다.

그들의 지시를 따르지 않고 계속 예배를 드리자 박해가 더욱 심해졌다. 그러자 교인들 가운데 몇 사람을 끌고 가서 가혹하게 고문을 했다. 고문후유증으로 많은 고생을 하다가 세상을 떠난 사람도 생겨났다.

16. 동생 용채가 먼저 순교를 당하다

9월 21일경 유엔군이 상륙한다는 소문이 나돌면서 공산주의자들의 분위기가 한층 험악해졌다. 그들은 이제까지의 다소 느긋하던 태도를 바꿔 본격적으로 우익 인사들에 대한 탄압에 나섰다. 혈안이 되어서 우익인사들을 검거하거나 감시했다.

9월 하순에는 두암 부락을 습격하여 칼을 들이대고 "예수 믿는 사람들의 씨를 말리겠다"고 날뛰었다. 교인들은 무서워서 바깥출입을 하지 못할 지경이 되었다. 눈에 핏발이 서 있었다. 그들은 제정신들이 아니었다. 정말로 사람을 해치고 죽이는 일을 너무나 쉽게 자행하였다. 하나님의 형상인 사람의 값이 땅에 떨어질 대로 떨어진 시절이었다.

사태가 심상치 않았다. 저들에게 걸리면 지난번처럼 무

사히 살아나올 수 있을 것 같지 않았다. 동생들도 나더러 우선 피하고 보라고 했다. 누구보다 전도사인 내가 타깃이 될 것이라고 하면서 집을 떠날 것을 종용했다. 그러나 집을 떠나기 전에 그들이 먼저 들이닥쳤다. 서른 명 정도 되는 사내들이 대창을 들고 몰려와서 우리 집을 포위했다.

"목사 새끼 어디 있어?"

"찾아내. 끌어내서 죽여 버려!"

그들은 구둣발을 신은 채 방 안을 뒤지고 헛간을 들쑤시고 부엌과 뒤란을 파헤쳤다. 분위기가 살벌했다. 그들 눈에 발견되기만 하면 그 자리에서 대창으로 찔러 죽일 기세였다. 그때 나는 집 근처의 독 안에 몸을 숨기고 숨을 죽이고 있었다.

"이 목사 새끼! 쥐새끼처럼 어디 숨었어?"

"꼭꼭 잘 숨어 있으라고 해. 우리 눈에 띄는 순간이 마지막일 테니까."

사내들은 그런 식으로 윽박지른 다음 살기등등한 얼굴로 돌아갔다. 그것은 단순한 공갈이 아니었다. 그들은 정말로 나를 죽일 작정이었다. 사람의 목숨은 더 이상 고귀하지도 신성하지도 않았다. 대낮에는 모습을 드러낼 수가 없었다. 며칠 동안 친척집을 전전하며 숨어 지냈다. 제대로 숨도 쉴 수 없는 불안한 나날이었다.

그러나 작은 마을에서 언제까지 그렇게 친척집에 숨어 지낼 수도 없는 노릇이었다. 그러다가 발각되기라도 하면 나는 물론이고 나를 숨겨준 친척들까지 무사하지 않으리라는 건 불을 보듯 뻔했다.

어머니와 동생들이 마을을 빠져나가 도망가라고 간곡하게 권유했다. 다른 사람들을 위해서도 그렇고 나 자신을 위해서도 그것이 최선의 방법이라는 것이었다. 그러나 인민군들의 수중에 어머니와 동생들을 두고 혼자 도망한다는 마음을 먹기가 쉽지 않았다. 그래서 결정하지 못하고 망설이고 있었다. 그러자 어머니가 애원조로 나를 설득했다.

"저자들이 너를 잡으려고 혈안이 되어 있는 걸 모르느냐? 우선 피하고 봐라. 성경에도 뱀처럼 지혜로우라는 말씀이 있지 않느냐? 하나님이 도저히 길이 없는 것 같은 상황에서 너를 일본에 가서 공부하게 하고 신학교를 졸업하게 한 것은 너를 통해 하실 일이 있으셔서 그런 거다. 나는 그렇게 믿는다. 그러니 나중을 도모하기 위해 일단 몸을 숨기는 것이 좋겠다. 하나님도 그걸 원하실 거다. 다른 생각 말고 어서 마을을 빠져나가라."

어머니는 내 손을 잡고 신신당부했다. 어머니의 말을 거역하기가 어려웠다. 저들이 노리는 사람은 나였다. 내가 있음으로써 가족들과 마을 사람들이 생명의 위협을 더욱 느끼며 공포와 불안에 떨고 있었다. 그 순간 그런 생각이 들었다.

매사에 때가 있다고 하지 않던가! 태어날 때가 있고 죽을 때가 있다. 나설 때가 있고 물러날 때가 있는 법이다. 잠시 몸을 피하는 것이 어머니의 말대로 현명한 일이라고 생각되었다.

새벽에 감시의 눈길이 조금 소홀한 틈을 타서 마을을 빠져나왔다. 공동묘지를 지나 인근 동네로 피신했다. 들판에 몸을 숨기고 있으면 동생들이 밭을 매러 가는 것처럼 위장해서 먹을 것을 가져다주곤 했다. 생명의 위협을 느끼고 불안해한 건 마찬가지였지만, 그래도 이웃마을에서 숨을 곳을 마련해 준 사람이 있었다. 대개 논고랑이나 산에 숨어 지냈지만, 아는 사람 집에서 하룻밤씩 신세를 지기도 했다.

11월 10일로 기억된다. 이웃마을에 피신해 있을 때인데, 어떻게 알았는지 인민군들이 내가 숨어 있는 집을 습격했다. 나는 이불장에 숨어서 또 한 번 죽을 고비를 넘겼다.

당시 용채 동생은 나 때문에 쫓기고 있었다. 어느 날 빨치산들이 동생에게 시멘트포대에 넣은 많은 돈을 주면서 지카다비(운동화)를 사 오라고 했다. 동생을 본 여동생 용례가 물었다.

"오빠, 어디 가?"

"심부름 갔다올게."

"잘 다녀오세요."

이렇게 하고 헤어졌다.

얼마 후 사람들이 웅성웅성하는 소리가 들려서 조심스럽게 들어보니 '반동분자 죽였다!'고 큰소리치는 소리였다.

나중에 알고 보니 동생을 죽이기 위해서 꾸민 행동이었다. 돈을 주고 심부름을 시킨 것은 사람이 없어서가 아니었다. 신발을 사러 가는 중 깨다리에 이르면 죽이기 위해서인 줄 모르고 동생이 신발을 사기 위해 갔던 것이다.

깨다리에 이르자 빨치산은 동생을 다리 밑으로 데리고 가서 총을 쏘았다. 죽었다고 생각한 빨치산들은 동네로 들어가서 "그놈 새끼는 죽었다!" 만세를 부르며 마을을 지나갔다. 그런데 총은 용채 동생의 목을 관통을 했으나 기적적으로 살아났다. 피를 흘리면서 내가 피신한 곳으로 왔다.

나는 손수건으로 구멍난 곳을 막았다.

"용채야, 정신 차려!"

그리고 나는 정신없이 동생을 들쳐업고 정읍 읍내 외삼촌댁으로 갔다. 응급처치를 하고 더 이상 머무를 수 없어 동생을 데리고 어디론가 가야 했다.

'나 때문에! 내 대신 총을 맞고…!'

그 충격과 고통이 얼마나 컸던지 감당하기 어려웠다.

봇물처럼 쏟아지는 눈물은 그쳐지지 않는다.

"제발, 용채야, 죽지만 말아라. 죽지만 말아. 하나님, 제 동생을 살려 주세요! 용채가 죽을 것이 아니라 제가 죽어야지요. 용채는 죽을 죄가 없습니다. 오히려 죽는다면 제가 죽어야지요."

나는 이렇게 울부짖으며 동생을 업고 숨을 곳을 찾아 정신없이 달렸다.

'어디로 가야 하나? 어디로 가야 치료를 받을 수 있을까?'

낮에는 국군과 경찰이 치안을 담당하지만, 밤에는 산에서 인민군들이 내려와 자기들 세상을 만들었다. 제대로 치료할 수가 없었다.

병원치료는 기대할 수가 없었다. 그렇다고 집으로 돌아갈 수도 없었다. 나는 동생을 자전거에 태우고 비교적 안전하다고 생각되는 고부리라는 마을로 이동했다. 그러나 그곳이라고 안전지대는 아니었다.

전세가 불리해지면서 인민군들은 훨씬 악랄해지고 살벌해졌다. 함부로 물건을 빼앗고 아무렇지도 않게 사람을 죽였다. 고부리에도 빨치산들이 출몰했으므로 나는 그곳에 있을 수가 없었다. 나는 어쩔 수 없이 동생의 간호를 다른 사람에게 맡기고 고부리를 빠져 나왔다.

그러나 아무것도 하지 않고 도망만 다닐 수는 없었다. 이제는 정말 그럴 수가 없었다. 총을 맞고 쓰러진 동생의 피가 내 손에 묻어 있었다. 며칠이 가도 동생의 피 냄새는 가시지 않았다. 울분이 끓어올랐다. 용서할 수 없는 자들이 아닌가. 사람의 몸을 입고 어떻게 이럴 수가 있는가.

나는 정읍으로 들어가서 치안대를 조직했다. 나처럼 인민군들의 만행에 치를 떠는 사람들이 많아서 치안대를 조직하는 것은 그다지 어렵지는 않았다. 우리 치안대는 경찰과 합세하여 빨치산들과 대결했다. 뽕나무밭에 몸을 웅크리고 빨치산과 총격전을 벌였다. 저들이 쏘아대는 아카보 장총의 딱콩딱콩 소리가 어찌나 요란하던지 귀가 먹먹할 정도였다.

숫자로나 화력으로나 우리는 그들의 상대가 아니었다. 우군의 형편은 마치 물이 말라붙은 하천의 물고기들이 꼼지락거리다가 힘을 잃고 스러져 가는 것과 같았다. 중과부적. 빨치산은 마을을 점령하고 우리는 퇴각하지 않을 수 없었다.

상처를 입은 채 마을에 남겨진 동생 용채가 걱정되었다.

'간호를 제대로 받고 있는지…, 아직 살아나 있는지…, 벌써 죽었는지…! 도무지 알 길이 없으니 답답하기 짝이 없구나! 이대로 가만히 앉아 있을 수는 없다.'

어떻게 해서든 다시 마을을 탈환해야 했다. 치안대의 힘만으로는 어림없었다. 속이 타서 죽을 것 같았다.

경찰서에 가서 몇 차례나 공격을 재개할 테니 도와달라고 요청했다. 마침내 정읍경찰서의 지원을 받아 반격을 가했다.

생명을 살리고 평화를 전하는 목사로 하여금 손에 총을 들게 하는 세상, 그런 세상이야말로 종말이다.

빼앗겼던 마을을 다시 찾았다. 그러나 이쪽의 희생도 컸다. 우익인사 30여 명이 빨치산에게 희생당했다.

내가 동생을 만났을 때는 어느 정도 회복이 되었다. 그때 빨치산은 우리를 잡으려고 따콩 따콩 총을 쏘면서 조여 왔다.

그 순간, 동생은 나를 위해 내 혁대를 빼앗아 자기가 차고 나를 뽕나무 밭에 숨겨 놓고 뽕나무 가지를 엮으면서 밖으로 나갔다.

그 자리에서 동생은 하늘나라로 갔다.

동생은 형을 위해 자기 생명을 버린 작은 예수였다.

착하고 아름다운 영혼을 소유한 그는 스물아홉의 젊은

나이에 안타깝게도 그만 이 세상을 떠나고 말았다.

17. 어머니, 순교하시다

그러나 그것은 아직 비극의 서막에 불과했다. 우리는 우리 가족과 두암교회 위에 드리운 짙은 어둠을 보지 못했다.

10월 19일이었다. 공산주의자들은 우리 가족과 친척들을 반동분자로 규정하고 몰살할 것을 결의했다. 대창과 칼을 든 사람들이 교회로 몰려왔는데, 그 중에는 안면 있는 얼굴들도 있었다고 한다. 당시 마을에서 소작을 하던 사람들 가운데 빨치산이 되어 멋모르고 날뛰는 이들이 많았다. 그들은 같은 동네 사람을 죽이는 일에 동원되어 악행을 행했다. 불쌍한 사람들이었다. 그런데 우리 집에 몰려온 사람들 가운데는 먼 친척뻘 되는 이도 있었다고 한다. 전쟁은 눈이 없다. 전쟁은 인류를 짓밟고 인간을 야수로 만들었다.

"이 반동새끼들! 다 나와라."

그들은 어머니 윤임례 집사를 마당에 꿇어 앉혔다. 그리고는 대창으로 찌르며 위협을 가했다.

"자식새끼들 다 어디다 숨겼어? 용은이 그 반동 목사 새끼는 어디로 간 거야? 빨리 찾아내라고! 그렇지 않으면 다 죽여 버리겠다. 우리도 어쩔 수 없다고!"

그들은 또 공산주의에 협조하라고 다그쳤다. 그러면 목숨을 살려 줄 뿐만 아니라 자식들도 지켜주겠다고 말했다. 그러나 어머니는 그들의 말에 콧방귀도 뀌지 않았다. 살려달라고 사정하지도 않았다. 그때 이미 어머니는 하나님나라에 대한 확고한 소망을 가지고 있었다.

어머니는 강한 분이었다. 우리 집은 아버지는 늘 존재하지 않는 분이었다. 일찍 돌아가시기도 했지만, 살아 계실 때도 집에 별로 있지 않았고, 거의 돈을 벌지 않았다. 우리 가족의 생계를 위해 자기 몸을 아끼지 않고 낮밤 없이 고생하신 분은 어머니였다. 어머니는 우리를 먹여 살렸고, 아버지 역할까지 하셨다. 의지가 강하고 책임감이 남다른 분이었다. 한번 옳다고 결정하면 무슨 일이 있어도 흔들림이 없으셨다. 교회에 나오기 전에 가지고 있던 무속신앙을 교회에 나오기 시작하면서 망설임 없이 버리고 참으로 온 뜻과 힘을 다하여 하나님과 교회를 섬겼다. 내가 서울에 가서 신학공부를 하는 동안 두암교회를 실질적으로 이끌어온 사람이 바로 어머니였다.

어머니는 그때 이미 순교를 각오하고 있었다. 그렇지 않으면 찌르는 대창과 협박과 공갈 앞에서 그렇게 담대할 수가 없었을 것이다.

어머니의 속마음을 알 까닭이 없는 무리들은 예수 믿는 신앙을 포기하라고 회유하기도 했다.

"이제부터 교회 안 나가겠다고 한 마디만 하라고! 그러면 살려 주겠다니까. 그것이 목숨보다 중한가 생각해 보라고…."

어머니는 이를 악물며 치욕과 고통을 견뎠다.

"목숨보다 중하지. 몸이 죽으면 내 영혼은 천당에 가서 편히 쉴 것이다. 너희들도 그만 죄 짓지 말고 예수 믿어라. 예수 믿어야 한다."

생명이 위급한 자리에서 어머니는 폭도들에게 전도를 하셨다. 흥분한 그들은 어머니를 결박하고 매질했다. 대창으로 찌르기도 했다. 어머니의 몸은 찔리고 긁힌 자국으로 처참해졌다. 그러나 어머니의 표정은 흔들림이 없었다. 오히려 귀가 길에 오른 나그네처럼 평온해 보이기까지 했다.

그런 상황에서 어머니는 고요히 눈을 감고 찬송을 불렀다.

기독교전문출판 나뎀

나뎀의 주요 업무

- ▲ 기독교 양서 출판
- ▲ 설교집 및 신앙간증집 저작 출판
- ▲ 교회사 및 교회사전집 저작 제작
- ▲ 교회신문 및 브로셔 제작
- ▲ 테이프로 듣는 설교 및 문서전리
- ▲ 인터뷰로 신앙간증집 원고집필

설교집·간증집·칼럼·기독교 홍보물 제작

좋은 책 만드는 나뎀

대표 김이리 약력

전남여고, 전국대 국문과 졸업
1982년 크리스찬 신문 소설공모 "결혼한 삶", 1985년 주부생활 소설공모 "예물"로 당선
성서교회·크리스챤 신문사·현 월간 "하이패밀리" 근무
소설창작집 "나다니는 사람들" "장편출판" "장동주의" "한장섭가" "꼬마 철학자", "앗싸리 맞요맞", "나은의 0.5cm" 안내 부각시 읽기, 방신보장 등 고전, 논술 학습 대원, 세계명작·위인전기·창작동화 고려, 아동용·수양집 등 10여 년 일평 500후여권 나의 책들이다. 작은쓴 의미의 책 등 출판 작품상위, 국민일보 주체시사진 "세계 생각으로 새로운 책가지 강경" 김용, "예록과 학습시" 아침길 같은, 김용, 권양일 등 5대주도. 1일 설립 국민일보 전체가 시사분 함에 꿈이 되었다. "소녀 생각으로", "세계생각으로 도서 공모집" 1년 준비한 "소녀 생각으로"(출판 학원)이 2001년 준수 상품 상태록의 2부작 "새소녀1년 에덴" 집필, 2000년 12월 6일 기독교원용 "예물과 하소서", 12월 17일 대통령용 추천도서 "나주 김성"(출판) 전부, 현재 기독교주문인증도서와 "사신동 포고의 세월로" 진행중. 2002년 누룽·우거책용 3부작 "다시 예쁜" 집필. 2003년 다뎀 추리로의 모두 개정.

나뎀 거래서점

광심화나다점 / 인천남나님 / 구로연하기백 / 이정봉가백 / 불음아기백 / 성제아기백 / 신문오박아기 / 남양살옵나 / 종도서림 / 부산기독서림 / 양천왕음사 / 교보문고 / 요단 기독문고 / 개월서울 / 성신서립 / 전주 기독교백용 / 이산북슬옵 / 체주교대서립 / 청주교육용체 / 이산도출 / 이문인선 / 우산신화안아기 / 출판기독문고 / 기독교장남기백 / 대전교회가백 / 불은기독교백 / 포항기독교신화 / 성옥부리 / 대구부호복거점 / 대전기독서원 / 인동합판상 / 예수기백 / 춘천이모인서원 / 대구예기독서원 / 대전상가책수도대 / 마산분문기백 / 대전레릭시원 / 남문크리스찬

TEL: 02-373-5650 / H.P: 016-771-5650 / FAX: 02-372-5650

http://www.nadoem.co.kr

우 편 엽 서

주소:서울시 은평구 신사동 361 삼부 406호(122-080)
전화:02)373-5650, 016-771-5650
팩스:02)372-5650
e-mail:khkorea7@empal.com

나침묘
"기독교전문출판" 김이리

Amen, C'ome Lord Jesus.

귀하

은평우체국
요금별납

하는 가는 밝은 길이 내 앞에 있으니
슬픈 일을 많이 보고 늘 고생하여도
하늘 영광 밝음이 어둔 그늘 헤치니
예수 공로 의지하여 항상 빛을 보도다

어머니의 찬송이 다 끝나기 전에 폭도들이 칼을 휘둘렀다. 하기야 그들은 어머니의 찬송이 끝나기를 기다릴 수가 없었을 것이다. 왜냐하면 어머니는 결코 찬송을 그치지 않았을 테니까. 이 세상에서의 어머니의 삶은 찬송과 함께 하늘로 이어졌다.

공산주의자들은 그것으로 만족하지 않았다. 그들은 알 수 없는 살기에 사로잡혀 있었다. 목격자들에 의하면 그들의 표정에 광기가 흘렀다고 했다. 그들은 집안에 있는 사람을 모두 끌어냈다.

폭도들은 이미 제 정신이 아니었다. 그들은 어린것들에게도 칼을 휘둘렀다.

"불을 질러 버려!"

한 명이 소리 질렀고, 마치 기다렸다는 듯 다른 사람이 집에 불을 놓았다. 어머니와 손자는 함께 거센 불길에 휩싸였다.

불이 꺼진 뒤 재 속에서 발견된 어머니의 모습은 목이

베인 채 기도하는 자세를 그대로 유지하고 있었다. 마지막 순간까지 어머니는 찬송과 기도를 멈추지 않았던 것이다. 그 모습은 살아남은 사람들에게 참을 수 없는 슬픔과 격정을 불러일으켰다. 하늘에 대한 소망이 없었다면 어머니는 그렇게 담대하게 자기의 몸을 내놓지 못했을 것이었다. 그리고 어머니가 그와 같이 놀랍도록 담대한 믿음과 소망을 보여주지 않았다면 다른 사람들에게 순교에 대한 각오를 불러일으키지도 못했을 것이었다.

사도행전에는 매우 아름답고 감동적인 순교의 장면이 나온다. 주인공은 스데반 집사이다. 그는 돌에 맞아 죽으면서 자신의 영혼을 하나님께 부탁했고, 자신을 향해 돌을 던진 사람들의 영혼을 위해 하나님께 빌었다. 죽는 순간 그의 얼굴은 천사와 같았다고 했다.

"스데반이 성령이 충만하여 하늘을 우러러 주목하여 하나님의 영광과 및 예수께서 하나님 우편에 서신 것을 보고 말하되 보라 하늘이 열리고 인자가 하나님 우편에 서신 것을 보노라 한대 저희가 큰 소리를 지르며 귀를 막고 일심으로 그에게 달려들어 성 밖에 내치고 돌로 칠째 증인들이 옷을 벗어 사울이라 하는 청년의 발앞에 두니라 저희가 돌로 스데반을 치니 스데반이 부르짖어 가로

되 주 예수여 내 영혼을 받으시옵소서 하고 무릎을 꿇고 크게 불러 가로되 주여 이 죄를 저들에게 돌리지 마옵소서 이 말을 하고 자니라"(행 7:55~60).

그 장면이 놀라운 것은 죽음 앞에서의 스데반의 담대함과 용기 때문이기도 하지만, 그보다 그가 거의 완벽하게 예수님의 최후의 순간을 재현하고 있기 때문이다.

얼마나 예수님 닮기를 갈망하고 예수님처럼 되기를 소망했으면, 그 마지막 죽음의 순간에 그처럼 완벽하게 예수님을 모방할 수 있었겠는가.

▶ 순교로 믿음의 본을
보여 주신 어머님

초대교회에서는 예수님 닮기가 곧 그들의 유일한 신앙의 방법이고 또 내용이었다는 사실을 알 수 있다. 예수님의 말씀과 삶에 대한 깊은 묵상, 그것이 그들로 하여금 예수님처럼 살 수 있도록 한 힘의 원천이었다.

나는 어머니의 순교의 장면을 떠올릴 때마다 스데반의 마지막 순교의 장면을 겹쳐서 떠올린다. 어머니에게 있어서도 신앙은 예수님을 닮는 것이었다. 예수님처럼 되는 것이었다. 그처럼 소박한 것이었다. 그리고 그 소박함 속에 우리의 정신을 가다듬게 하는 진정한 위대함이 깃들어 있는 것이었다.

18. 순교한 사람들

폭도들은 마을을 돌아다니며 기독교인을 닥치는 대로 잡아서 무차별적으로 살해했다. 이 날, 조그만 시골 마을에서 아주 많은 사람이 공산주의자들에게 희생당했다. 마을에 남아 있던 우리 가족들은 거의 전부가 생을 달리했다. 치가 떨리는 날이었다. 저들은 예수 믿는 사람들을 죽이고 예수 믿는 사람의 집을 불태웠다.

이 날 순교한 내 일가친척으로는 어머니 윤임례 집사를 비롯하여, 아래 동생의 아내인 조선환 집사, 조카 무곤이, 의곤이, 순곤이, 그리고 재당숙 김정두, 김환두, 재당숙모인 양대안, 김염순, 8촌 동생인 김용진과 김영례, 김용술, 김길순, 김용녀, 김용순, 8촌 제수인 오복순, 그리고 조카들 길곤, 택곤, 우곤, 오곤, 그리고 내 둘째 아들인 성곤 등이 있다.

그 날, 어머니와 함께 하늘나라로 간 내 둘째 아들 성곤이는 당시 3년 6개월 된 아이였다. 아이는 할머니가 순교하던 현장에 있었다. 폭도들이 집에 불을 지를 때 그 불길 속에서 기어나와 기적적으로 목숨을 건졌다. 마을의 먼 친척들이 그를 숨겨 주었다. 그런데 어떻게 된 일인지 공산당들이 그 사실을 알게 되었다. 그리고는 반동분자의 씨를 말려야 한다고 하면서 내놓으라고 했다. 그렇지 않으면 마을 사람들을 다 죽여 버리겠다고 으름장을 놓았다. 차마 사람으로서 할 수 없는 일인 줄 알면서도 성곤이를 숨겨 주고 있던 마을 친척이 그들에게 내주고 말았다.

그들은 불 속에서 극적으로 살아난 어린 아이를 처형하기 위해 처형장으로 데리고 갔다. 겁에 질린 성곤이는 울면서 그들을 따라갔다. 자연히 걸음걸이가 둔하여 자꾸만 뒤로 처졌다. 물을 건너는 개울에 이르렀을 때 폭도들 가운데 한 명이 성곤이에게 빨리 건너라고 호령을 했다.

"너 때문에 늦어지잖아. 빨리 걸으란 말야."

화를 버럭 내며 성곤이를 때렸다. 아이는 갑자기 겁이 나서 "엄마!" 하고 울음을 터뜨려 버렸다. 그러자 폭도들은 짜증을 냈다.

"이 애를 어떻게 하지?"

"애 때문에 늦겠어. 뭐 굳이 이 꼬마 녀석을 거기까지 데리고 갈 필요 있겠어?"

"꼭 그런 건 아니지."

그들은 논바닥에서 3년 6개월 된 아이를 대창으로 찔러 죽였다.

내 팔촌 동생인 용술이는 두암교회의 학생회 회장이었다. 정읍농업학교에 다니고 있었는데, 영특하고 비범했다. 공부를 잘해서 학교에서 월반을 할 정도였다. 장래가 촉망되는 아이라고 주변에서 칭찬을 아끼지 않았다. 무엇보다 신앙심이 돈독했다. 노방 전도도 열심히 하고 교회 봉사에도 앞장섰다. 그는 기회 있을 때마다 공산주의의 허구성을 논리적으로 비판하곤 했다. 유엔군이 인천에 상륙한다는 정보를 듣고 전세가 아군에게 유리하게 전개되고 있다는 사실을 알게 된 그는 마을에 남아 있던 내 아내와 함께 태극기를 만들어 그날에 대비하기도 했다. 공산당이 물러가고 국군이 돌아오면 사용하기 위해서였다.

그들이 그런 그를 가만 둘 까닭이 없었다. 그는 나와 함께 그들의 중요한 숙청 대상자 명단에 끼여 있었다. 그는 내가 그런 것처럼 마을에 있을 수가 없었다. 그는 마을을 떠나 치안대원이 되었다. 총도 제대로 쏠 줄 몰랐지만 우리 가족과 마을과 교회를 지키기 위해 스스로 총을 들었다. 대개의 치안대원들이 그런 수준의 지원병들이어서 실제 전투에서 제대로 힘을 쓸 수가 없었다. 전투 중에 붙잡힌 용술은 벌거벗긴 채 포박되어 치욕을 당하였고 살해되었다.

내가 숨어서 지낼 때 나에게 몰래 음식을 날라다 주기도 했던 조카 우곤이는, 대나무 밭에 숨어 있다가 공산당들이 불을 지르자 뛰어나오다가 타살되었다.

나는 이리저리 피해 다니다가 여덟 번이나 붙잡혀 구사일생으로, 기적적으로 죽음을 면했다. 전도사인 내가 대신 순교하고 가족 23명이 살 수 있었으면 얼마나 좋았을까 하는 회한 때문에 나는 심장이 터지는 것만 같은 고통을 겪어야 했다.

한번은 나도 그들의 집요한 추적에 의하여 붙들려서 끌려가게 되었다. 그들은 으슥한 골짜기에 이르더니 포승을 풀어주며 도망가라고 했다.

가라고 한 후에 뒤에서 총을 쏘아 죽인다는 것을 안 나는 그들에게 말했다.

"아닙니다. 나는 읍에 가서 정정당당하게 재판을 받기 원합니다. 같이 갑시다."

내가 강하게 주장하고 있을 때 동네 사람들이 몰려왔다. 그들도 어찌할 수 없었는지 읍에까지 데려갔다가 나를 풀어 주었다.

'내가 고향에서 잡혔으면 우리 가족 23명이 희생되지 않았으련만! 내가 피해서 가족이 희생되었구나!'

이 생각은 내 평생에 씻을 수 없는 큰 상처가 되었다. 돌이켜 생각할 때마다 가슴이 저며 오고 비참한 심정이 될 때는 말할 수 없는 통증이 일어난다.

하나님이 없는 사람보다 무서운 사람은 없다. 그들은 거짓 이론을 만들고 전쟁을 일으키고 살육을 정당화하는 사람들이다. 6·25, 그 처참한 살육의 현장에서 살아남은 나는 그때, 거룩한 순교의 대열에 합류한 영혼들 앞에서 큰 죄를 지은 기분으로 평생을 살아야 했다.

어머니와 친척들이 흘린 그 거룩한 순교의 피가 내 안에서 용솟음치면서 주를 위한 오직 한 길로 매진하게 했다. 그분들의 피를 헛되게 하지 않는 길은 그분들이 죽음을 통해서까지 지키고자 했던 믿음을 계승하고 확산시키는 일이었다. 이 지상에 하나님나라를 앞당기기 위해 아주 작은 힘이라도 보태는 것, 그것말고는 의미 있는 일이 없었다.

의식하든 하지 않든 나는 순교의 신앙으로 살지 않을 수 없었다. 내가 말하든지 하지 않든지 나는 순교자의 아들이었다.

내가 군산에서 목회를 하는 동안 전북도지사가 여덟 명이나 우리 집을 방문했다. 그들이 나를 만나러 오는 이유는 두 가지다.

하나는 일제시대에 핍박받은 사람이고, 더 중요한 다른 하나는 공산당에게 처참하게 학살당한 윤임례 집사의 아들이라는 점이었다. 내가 아니라 그들이 나를 그렇게 기억했다.

누가 부정하랴. 나는 어머니의 아들이고, 어머니는 하늘 나라에 대한 소망을 품고 믿음을 위해 스데반처럼 순교한 위대한 믿음의 용사였다.

내가 평생 동안 한눈팔지 않고 예수님만을 섬기며 살 수 있었던 것은, 거짓이 아니라, 참으로 그와 같은 어머니의 순교의 신앙에 대한 되새김질을 통해서였다. 어머니의 순교의 신앙이 끊임없이 나를 일으키고, 먼 길을 멀다 하지 않고 간 것이나, 힘든 일을 힘들다 하지 않고 자원하여 한 것은 어머님의 순교신앙 때문이다. 나는 참으로 부끄러움 없는 어머니의 아들이기를 원했다. 그래서 서울에 있는 교회에서 오라고 해도 군산에 머물렀던 것은, 더 좋은 길이라고 간다는 것은 순교자의 후예답지 않은 행동이라고 생각했기 때문이다.

수복 후 두암교회는 지역 복음화를 위해 애당리로 옮겨

서 순교 기념교회와 순교 기념탑을 세웠다. 그러나 세월이 흐르면서 건물도 낡고 기념탑도 초라해졌다.

1980년에 어머니 윤임례 집사를 비롯한 23명의 순교자들을 기리기 위한 순교 동산을 애당리에 만들었다. 여기저기 흩어져 있던 순교자들의 묘를 한 군데 모은 것이다. 유골을 찾지 못한 분들은 출토라도 해서 비를 세우고 묘를 만들었다.

후에 그 자리에 지금의 순교자 기념교회를 세웠다. 1992년의 일이었다. 1992년 6월 2일 기공 예배를 드리고 연건평 1백 20평의 2층 건물을 세웠다. 은퇴할 때 군산중동교회는 내게 퇴직금을 지급해 주었다. 퇴직금 일부를 순교자 기념교회를 짓는 데 썼다. 1994년 성결교회총회 순교자기념사업위원회가 주관하여 순교자기념탑제막식과 더불어 순교자기념관봉헌식을 열었다.

기념사업위원장 김상현 목사의 사회로 시작된 예배는 총회장 최건호 목사의 설교가 있었고 임용희 장로가 추모사를 했다. 나는 눈물어린 감격의 답사를 했다. 당시 교단총무 백천기 목사는 아래와 같이 기념탑 봉헌 경위와 봉헌문을 피력했다.

■ **기념탑 건립 경위**

1. 여기에 민족의 비극이 몰고 온 또 하나의 피어린 역사가 있다. 전북 정읍군 소성면 애당리 두암성결교회 성도들 순수한 신앙지조를 지키다가 집사 4명을 비롯한 어린아이까지 23명이 순교의 제단에 꽃처럼 떨어졌다.

2. 무릎 꿇고 기도하며 칼로 목 베임을 당한 윤임례 집사의 5자녀 중 살아남은 아드님(김용은, 김용석, 김용칠)들은 흩어져 있는 시신들을 가매장지에서 교회동산으로 모아 이장하였다.

3. 1977년 10월 24일 유족들이 순교기념탑을 세우고 총회장과 한국순교자유족회장을 모시고 제막예배를 드리고 매년 10월에 추도예배를 드렸다.

4. 뒤늦은 감은 있으나 총회는 집단순교지에 순교기념탑을 세우기로 하여 순교자기념사업위원회로 하여금 충남 병촌(1989. 6. 23.)과 전남 임자진리(1990. 12. 13.)에 기념탑을 세우고 세 번째로 이곳 두암교회에 23인 순교기념탑을 세우기로 하였다.

5. 1994년 6월 6일 탑 건립 위치를 확정하고 십자형 4날개(사중복음 상징)와 대지를 굳게 딛고 일어선 신앙의 거인 23명(23단의 돌)이 타오르는 성령의 횃불을 들고 순교 신앙의 위력을 만방에 비치도록 건립하여 오늘 제막예배를 드

리게 되다.

그리고 다음과 같은 내용의 봉헌문이 채택되었다.

'1950년 6월 25일 동족상잔의 피어린 격랑이 평화롭던 이 마을까지 엄습하였다. 공산주의자들은 "기독교인 반동은 씨를 말려야 한다"며 1950년 9월 10일부터 10월 26일 사이에 이르기까지 두암교회 성도 23명을 마을 곳곳에서 죽창과 총, 칼, 돌, 몽둥이로 잔인하게 학살하였다. 그 중에 윤임례 집사는 목에 칼을 받으면서도 무릎 꿇고 기도하며 믿음을 지켰으니 그는 김용은(목사), 김용칠(목사) 등 5형제의 자애로운 어머니로 한 가족 7명과 친척 16명과 함께 장렬히 순교하였다.

이에 성결교단은 이 장한 순교자들을 추모하며 그들의 순교신앙을 기리기 위하여 이 기념탑을 세워 주님 다시 오실 때까지 이를 전한다.'

기념사업위원회 실무자인 임용희 장로님이 추모사를 해 주셨다.

'오, 하나님! 민족의 비극 6·25가 할퀴고 간 혹독한 상흔이 겨레와 유족의 가슴을 깊이 파고든 지 40개 성상. 해묵은 세월 속에서도 망각의 늪에 매몰되지 않고…'

늦었지만, 조금 마음의 부담을 던 것 같았다. 그러나 순교자 기념탑은 애당리 마을에 처음 세워진 것이 아니었다.

그것은 오래 전에 내 가슴에 세워져 있었고 이것이 내 평생을 붙들어 주었다.

▲ 순교자 기념예배를 드리고 나서(어머니의 후손인 10명의 목사들)

19. 다비다선교회를 만들다

전쟁은 우리 민족에게 엄청난 상처를 주고 휴전으로 멈췄다. 이 땅에 남아 있는 1천만이나 되는 이산가족들이야말로 그 전쟁의 상처를 안고 사는 사람들이다.

전쟁은 무엇보다도 공동체를 파괴하고 인간의 존엄성을 해치고 인간에 대한 신뢰를 빼앗아 갔다. 한 마을 사람들이 뜻도 모르고 내용도 모르는 이념놀음에 놀아나서 원수가 되고 적이 되어 고발하고 비방하고 죽이고 한 일은 전쟁이 끝난 후에도 아물지 않는 깊은 상처가 되었다.

생각해 보면 정읍의 작은 마을 두암리에서도 그런 일이 일어났다. 공산주의자들은 가난하고 배우지 못한 소작농들을 선동하여 마치 자기들이 해방군인 듯 선전했다. 순박한 많은 농민들이 그들의 선동에 넘어가서 앞잡이 노릇을 했다. 공산당들은 그 마을 사람을 시켜 마을의 지주들이나 경찰관 가족이나 우익 인사들을 처단하게 함으로써 스스로 돌이킬 수 없게 만들었다. 한번 자기 손으로 사람을 죽인 사람은 어쩔 수 없이 그 편에 서지 않을 수 없게 되었던 것이다.

그러나 인민을 해방하고 노동자들의 세상을 만들겠다고 호언하던 공산당은 곧 물러나고, 이번에는 우익 쪽에서 인민군에게 부역했던 사람들을 추려내서 응징하는 일이 일어났다. 미리 알고 인민군을 따라 북으로 간 사람도 있었고, 빨치산이 되어 잠복했다가 전투 중에 사망한 사람도 많았다.

문제는 그들의 가족이었다. 전쟁은 과부들과 고아들을 양산한다. 공산당이 물러간 후 우리 마을에서는 좌익의 편에 섰거나 그들에게 부역했다가 죽었거나 도망간 사람의 가족들, 특히 부인들의 처지가 참 딱했다. 그들은 부역자의 가족이라는 이유로 따돌림을 받았고, 수치와 모욕을 당하기도 했다.

그것은 이해할 수 없는 일이 아니었다. 자신의 부모와 형제와 자식을 잃은 사람들 입장에서는 바로 그 살인자의 가족에게라도 복수를 하고 싶은 마음을 참기가 어려웠을 것이었다. 그러나 그것은 옳은 일이 아니다. 복수는 복수를 부른다. 그것은 짐승의 법칙이다. 하나님은 복수하는 것이 자신에게 있다고 선언하셨다.

무엇보다도 그들 스스로 얼굴을 들고 다니지 못했다. 그들은 죄책감에 사로잡혀서 어찌할 바를 모른 채 마을 사람들과 대면하는 것을 피했다. 억울하게 희생당한 사람들의 가족이 자기들을 해칠까 봐 불안해서 바깥출입도 하지 못했다.

그들이 무슨 죄가 있는가. 그들의 아버지, 그들의 남편이 저지른 죄를 뒤집어쓴다는 것은 가혹한 일이 아닐 수 없었다. 설령 그들에게 전혀 잘못이 없는 것은 아니라고 하더라도, 그것 때문에 그들의 미래를 빼앗는 것은 도리가 아니었다. 그들 역시 우리와 똑같이 자신들의 삶을 개척해 갈 권리가 주어져 있다는 것이 나의 생각이었다.

인간적으로 따지면 솔직히 나에게도 그들에 대한 원망이 있었다. 나는 공산주의자들에게 어머니와 아들, 형제와 조카 및 친척들을 잃은 사람이었다. 두암교회에서 희생된 기독교인의 숫자가 자그마치 스물세 명이었다. 그중 한 명만 빼고는 모두 아주 가까운 내 가족과 친척들이다. 원한으로 말하자면 나보다 더 깊은 사람은 없다. 하나님을 믿는 사람으로서, 교역자로서 그들을 용서하는 것이 마땅한 일이라고 생각했다. 그러나 마음에서는 용서의 마음이 생기지 않았다. '그들을 용서하게 해 주십시오.'라고 간절히 기도했지만 마음은 무겁고 답답하기만 했다.

그런데 어느 날, 이상한 일이 일어났다. 기도를 하고 있는데, 마음이 뜨거워지면서 눈물이 왈칵 쏟아져 나왔다. 무고하게 희생당한 어머니의 모습이 눈앞에 떠오르는가 싶더니, 곧 이어서 마을의 과부들의 얼굴이 스치듯 지나갔다. 모두들 인민군에게 협조했다가 나중에 변을 당한 사람들의 아내들이었다. 그들은 하나같이 더 이상 슬플 수 없는 표정들을 하고 있었다. 그 슬픔은 보는 사람에게도 그대로 전달되었다.

나는 바라볼 수가 없었다. 내 눈에서 저절로 뜨거운 눈물이 흘러내렸다. 어머니도 과부였다. 어머니도 오랫동안 과부로서 힘든 삶을 사셨다. 그 사실이 새삼스럽게 떠올라 내 머릿속에서 맴돌았다.

그 순간, 문득 성경 한 구절이 떠올랐다.

"그 거룩한 처소에 계신 하나님은 고아의 아버지이시며 과부의 재판장이시라."

시편 68편 5절의 말씀이었다.
'하나님은 고아와 과부의 하나님이시다. 저 슬픈 여인네

들의 눈물을 누가 닦아 줄 것인가? 저들을 누가 재판하겠는가?'

나는 하나님이 나에게 어떤 명령을 하고 있다는 생각이 들었다. 하나님은 가장 피해를 많이 입은 나에게, 따라서 원한도 가장 클 것이 분명한 나에게, 그들을 용서하고 받아들이고, 그들을 위해 무슨 일인가를 하기를 원하고 계셨다. 그들이 나서서 할 수 없는 일이었다. 그들이 내게 요청할 수도 없는 일이었다. 그것은 온전히 나의 몫이었다. 내가 먼저 손을 내밀어야 하는 일이었다.

나는 그들을 교회로 초대했다. 처음에는 내 뜻을 받아들이지 못하겠다는 교인들도 있었지만 그들을 설득했다.

"하나님은 고아와 과부의 하나님이십니다. 예수님이 이 땅에 죄인을 부르러 오셨고, 그리스도인인 우리는 원수를 사랑하라는 요청을 받고 있습니다. 그 이유는 우리가 그리스도의 사람이기 때문입니다. 그리고 하나님께서 우리에게 요청하시는 일이기 때문에 하지 않으면 안 되는 것입니다."

마침내 교인들은 내 생각에 동조했다.

다비다선교회를 조직했을 때, 처음에 그들은 나의 의도를 의심하였다. 그러나 이후에 보복하려고 하는 것이 아니라는 사실을 알고 안심을 했다.

이런저런 이유로 남편을 잃은 과부들이 그 선교회의 회원이 되었다. 그리하여 기적 같은 일이 일어났다. 불과 얼마 전에 살인자였던 사람의 아내와 그 살인자에게 부모와 형제와 자식을 잃은 사람들이 한 자리에 모여 예배를 드린 것이다.

하나님은 나누고 쪼개고 분리시키는 하나님이 아니시고, 합하고 봉합하고 화해시키시는 하나님이라는 사실을 나는 믿는다.

▼ 다비다선교회 회원들과 함께

4장 중동교회를 개척하다

20. 빛과 천사의 인도로 중동교회를 개척하다 /151
21. 첫 교회와 신자들 /163
22. 교회건축, 그리고 나의 목회 /170

20. 빛과 천사의 인도로 중동교회를 개척하다

공산당은 물러갔지만 정읍에 더 있기가 어려웠다. 아무도 나를 괴롭히는 사람은 없지만 마음속의 고통이 심해 기도생활이 되지 않았다. 시간이 가도 어머니와 형제·친척들의 모습이 뇌리에서 사라지지 않았다. 어디를 가나 어머니의 모습이 되살아났다. 어머니가 기도하시던 교회, 어머니가 허리를 구부리고 일하시던 밭, 어머니가 짐을 지고 걸으시던 길….

어머니의 기억으로부터 자유로운 곳이 없었다. 너무나 고통스러웠다. 가해자들을 용서한다는 것과 상처가 치유된다는 것은 같지가 않은 모양이었다. 나는 가해자들을 이미 용서했다고 생각했는데, 어머니를 잃은 아픔은 사라지지 않왔다. 그 상처는 너무나 깊었다.

그 땅을 떠나고 싶었다. 그 곳을 떠나면 조금 나을 것 같았다.

'아예 이 나라를 떠나 일본으로 가면 어떨까?'

이런 생각도 들었다. 일본에서는 몇 년간 산 적이 있으므로 이국이라고 하지만 적응하는 데 별 어려움이 없을 것 같았다.

일본군에게 쫓겨 떠나고 공산당을 피해 다니면서도 떠나지 않던 고향을 이제 스스로 떠나고 싶었다. 군산 월명동 처가에 기거하면서 일본으로 건너갈 기회를 노리고 있었다. 그러던 어느 날, 교회에서 기도를 하는데(그때는 군산 중앙성결교회에 나가고 있었다), 문득 성경 한 구절이 강하게 부딪쳐왔다. 유다서 6절의 말씀이었다.

"또 자기 지위를 지키지 아니하고 자기 처소를 떠난 천사들을 큰 날의 심판까지 영원한 결박으로 흑암에 가두셨으며…."

천사라고 할지라도 자기 자리를 지키지 않으면 지옥의 흑암에 가두신다는 그 말씀이 두려움으로 나를 압박했다.

'내가 지켜야 할 자리는 무엇이고, 내가 떠나지 않고 머물러야 할 처소는 어디일까?'

그 질문이 우문인 것은, 내가 그 대답을 벌써 알고 있었기 때문이다.

나는 공간적으로는 내 나라를, 그리고 의미적으로는 목회의 자리를 떠나려 하고 있었다. 나도 의식하지 못하는 사이에 무의식적으로 주님의 일을 피하려 하고 있었다. 마치 니느웨로 가라는 야훼의 명령을 거역하고 다시스로 도망쳤던 요나처럼 나도 하나님을 피해 엉뚱한 곳으로 가려 하고 있었다. 그것은 하나님의 꾸지람을 받기에 충분한 행동이었다. 일본으로 가는 배 안에서 폭풍을 만나기 전에 회개해야 했다.

나는 그 날부터 교회에 틀어박혀 기도에 매진했다.

"하나님! 뒤돌아보지 않겠다고 약속해 놓고 또 뒤돌아보았습니다. 머뭇거리지 않겠다고 해놓고 또 머뭇거렸습니다. 하나님, 저를 붙들어 주십시오. 온전히 주님께 저를 드리게 해 주십시오."

밤새 기도하고 아침이 되어 떠오르는 햇살을 맞으면 가슴이 후련해지면서 희망이 부풀어 올랐다. 그럴 때면 어머니의 아들이라고 되뇌곤 했다. 주님께 자신의 몸을 바친 순교자 어머니의 믿음을 본받아 내 한 몸을 하나님께 바치겠노라고 다짐하곤 했다.

나는 교회를 개척하기로 결심하고 새벽마다 하나님께 간절하게 기도했다.

"하나님! 주님의 나라를 확장시키는 일에 제 남은 인생을 바치겠습니다. 성도들을 섬기고 교회를 섬기겠습니다."

어느 새벽에 놀라운 일이 일어났다. 그 날도 여느 날과 마찬가지로 중앙성결교회의 새벽 기도회에 참석하여 기도를 했다. 나의 기도는 어느 때보다 간절했다. 그때쯤에는 내 기도도 상당히 구체적으로 바뀌어 있었다. 나는 이곳 군산에서 교회를 개척할 수 있게 해 주십사고 기도했다.

기도를 마치고 일어서는데 주님이 내 기도를 들어주실 거라는 확신이 생겼다. 그러나 그 날이 언제일지는 알 수 없었다. 그 날이 바로 하나님이 내 기도를 들어 주시는 날이라는 생각은 하지 못했다.

기도를 마치고 예배당을 나오는데, 솜털처럼 부드럽게 뭉친 빛덩어리가 눈앞에 보였다. 빛은 따라오라는 듯 손짓하며 조금씩 움직였다.

'어…?'

나는 눈을 감았다가 다시 뜨고, 눈을 비볐다 다시 보았다. 솜털 같은 것이 눈앞에서 살랑거렸다. 틀림없는 빛이었다. 솜털 같은 빛이 걸음을 떼듯 앞으로 나아갔다.

'다른 사람의 눈에는 보이지 않는 것일까?'

기도회를 마치고 나온 사람들 가운데 그 빛에 주목하는 사람은 아무도 없었다. 이상한 일이 아닌가.

나는 빛이 움직이는 대로 따라갔다. 빛은 빠르지도 느리지도 않게, 꼭 내 걸음걸이만큼 앞서 갔다. 내가 조금 지체하는 듯하면 멈춰 서서 가까이 다가올 때까지 기다리기도 했다. 어딘가로 나를 이끌고 있는 게 분명했다. 나는 조심스럽게 그 불빛을 따라갔다. 행여 사라져 버리면 어쩌나 가슴을 졸이면서….

교회당을 빠져나온 나는 빛을 따르기로 했다. 경찰서가 있던 곳으로 향하던 불빛은 이내 군산역을 향해 나아갔다. 내가 머물고 있던 집으로 가는 길과는 정반대 방향이었다. 내가 평소에 거의 다니지 않는 쪽이었다. 그저 불빛만 바라보며 따라가고 있을 뿐이었다. 그것만이 내가 할 일이었다. 나는 빛이 인도하는 곳이면 그곳이 어디든지 따라갈 생각이었다. 호기심도 생겼다.

지금 조화당 빵집이 있는 길을 조금 지나자 샛길이 나타났다. 나를 인도하는 빛은 그 샛길로 접어들었다. 나도 그 길로 들어갔다. 길이 끝나는 지점에 영동파출소가 나타나고 그 건너편에 이치과 건물이 있었다. 거기까지 무작정 따라 걸었다.

그런데 어떻게 된 일일까? 이치과 앞에서 갑자기 불빛이 사라져 버린 것이 아닌가. 정신이 번쩍 들었다. 처음에는 어디인지 잘 분간되지 않았다. 그도 그럴 것이 그 지역은 내가 잘 가지 않는 곳이었다. 어떻게 여기까지 왔을까 싶었다. 그러자 갑자기 마음이 불안해졌다. 내가 거기까지 간 것은 스스로 간 것이 아니었다. 불빛이 나를 거기까지 이끌었다. 그 때문에 나는 거기서 내가 무엇을 해야 할지 알 수 없었다. 내가 왜 왔는지를 몰랐으므로 무엇을 해야 할지 모르는 것은 너무나 당연했다.

당황스러운 나머지 눈물이 나오려고 했다.
'하나님! 빛을 따라 여기까지 왔습니다. 하나님이 저를 이끄시는 줄 알고 여기까지 무조건 따라왔습니다. 순종하는 마음 외에는 아무것도 없었습니다. 여기까지 저를 이끄신 이가 하나님이라면, 이제 여기서 제가 무엇을 해야 하는지 알려 주십시오. 저는 어리석고 깨달음이 느린 사람입니다. 그러나 하나님이 지시하시는 일이면 무엇이든 할 각오가 되어 있습니다.'

저절로 기도가 나왔다. 그때 나는 영적인 기운에 온통 휩싸여 있었으니까. 내 눈에는 사물의 움직임, 주변의 미세한 공기의 흐름 하나하나까지도 모두 영적인 것으로 보였다. 하나님의 섭리와 무관한 이 세상의 변화란 존재하지 않았다. 사물과 현상의 배후에는 언제나 하나님의 뜻이 숨어 있었다. 다만 우리의 시각이 흐리고 우리의 영의 감각이 둔해서 그것을 분간하지 못할 뿐이었다.

천지에 하나님의 기운이 충만했다. 그 시절의 나는 그런 것을 느끼고 보고 듣고 있었다.

기도가 채 끝나기 전에 한 건물 아래 서 있는 한 사람의 모습이 보였다. 한 번도 본 적이 없는 사람이다.

'조금 전까지만 해도 나 말고는 아무도 없었는데…. 저 사람이 어디서 나타났지?'

그런 생각을 하는 순간, 이미 내 마음속에는 그 사람에 대하여 관심이 가기 시작했다. 그때 나를 향하여 하는 말이

"어디 가십니까?"

하고 물어 왔다.

'나는 어디로 가는 것일까?'

순간적으로 하나님께 묵도를 드렸다. 나는 어떻게 대답해야 좋을지 알 수 없었다.

"어디로 가는지 나도 모릅니다. 나는…."

나는 거기까지 오게 된 사연을 더듬더듬 털어놓았다. 새벽 기도회를 마치고 나와서 만난 솜털 같은 한 덩어리의

빛, 그 빛의 움직임과 인도, 사라짐….

"나는 무작정 그 빛만 따라왔습니다. 그런데 나를 여기까지 인도해 온 그 빛이 갑자기 사라져 버렸습니다. 그래서 어떻게 해야 할지 몰라서 그냥 서 있는 것입니다."

남자는 가만히 서서 내 이야기를 다 들었다. 그리고는 내 말이 끝나자 물었다.

"무엇을 간구했습니까?"

나는 대답했다.

"하나님께 일할 기회를 달라고 기도했습니다. 교회를 개척할 수 있도록 해 달라고 간구했습니다."

남자는 내 얼굴을 물끄러미 쳐다보더니 이렇게 한 마디를 했다.

"따라오세요."

말을 마치고 그는 몸을 돌려 잰걸음을 걷기 시작하는 것이었다.

"왜요?"

물을 여유도 없었다. 지금 생각해 보면 그런 것을 물을 상황도 아니었다. 무언지 모를 신비스러운 기운이 나를 압도하고 있었다.

그 사람의 걸음은 상당히 빨라서 벌써 저만치 앞에 가고 있었다. 그 사람을 따라가든가, 무시하든가 해야 했다. 다른 선택은 없었다. 그러나 나는 오래 망설이지 않았다.

'따라가라!'

내 안의 어떤 목소리가 내게 따라가라고 속삭였다. 나는 내부의 목소리에 순종했다. 빛이 이끄는 대로 거기까지 무작정 따라왔던 것처럼 이번에는 그 사람이 이끄는 대로 무작정 따라갔다.

그 사람은 역을 향해 가다가 구(舊)시장 방향으로 향했다. 거기서 멈추지 않았다. 그의 걸음은 그곳을 지나 한국화약 정문을 지나 왼쪽으로 꺾였다. 작은 골목길이 나타났다. 보기에도 초라한 작은 집들이 다닥다닥 붙어 있는 모습이 보였다.

그 사람은 그 집들을 지나 한 2층집 앞에 멈춰 섰다. 집은 그다지 크지 않았다. 그 사람이 멈춰 서자 나도 따라서 멈춰 섰다.

"잠시 기다리세요."

그 사람이 내가 가까이 다가오기를 기다렸다가 그렇게 말하고는 집 안으로 들어갔다. 나는 영문을 모른 채로, 그러나 성령의 인도를 받고 있다는 기분으로 약간 상기된 상태에서 그 2층집 앞에 서서 기다렸다. 그 사람이 다시 나오기를…. 그 사람이 다시 나와 내가 무엇을 해야 할지 알려 주기를….

그러나 그 사람은 다시 나타나지 않았다. 누군가 오기는 왔다. 그러나 나를 인도한 사람은 아니었다. 이른 아침이라 눈을 비비면서 내 앞에 나타나서 하는 말이,

"이 집이 필요합니까?"

그 질문은 뜻밖이었다. 그 순간까지 나는 내가 그곳에 왜 왔는지 알지 못했다. 어떤 기운이, 처음에는 빛이, 다음에는 어떤 사람이 나를 이끌었다. 나에게는 그 사람의 질문에 대답할 말이 준비되어 있지 않았다. 그런데 내 안에서 저절로 대답이 터져 나왔다.

"그렇습니다."

나는 집이 필요하다고 말했고, 그 말을 하는 순간 정말로 나에게 그 집이 필요하다는 생각이 들었다. 그 생각은 하나님께서 내게 그 집을 주려고 계획하시고 있다는 확신을 불러일으켰다. 우연이란 없다. 모든 일에는 목적이 있고, 모든 행동에는 이유가 있다. 하나님이 이유 없이 새벽부터 나를 이리저리 끌고 다녔겠는가? 그럴 리 없었다.

"이 집을 어디에 쓰실 생각입니까?"

두 번째 질문에는 더 쉽게 대답이 나왔다. 마치 그 대답을 미리 만들어 놓기라도 한 것처럼.

"저는 교회를 개척할 집이 필요합니다."

"교회를 개척한다?"

그 사람은 혼잣말처럼 중얼거리더니 그 건물에 대해 설명해 주었다.

"이 건물은 적산가옥입니다. 현재 해동공사가 관리하고 있는데, 나는 관리를 맡고 있습니다. 필요하면 해동공사에 가서 계약을 하십시오."

그 당시에는 일본인들이 자기네 나라로 돌아가면서 버리고 간 빈집들이 많았다. 그런 집을 '적산가옥'이라고 불렀는데, 따로 임자가 없었기 때문에 대부분 국가에서 위탁받은 기관이 관리하고 있었다. 모아놓은 돈이나 재정적인 후원자를 확보하지 못한 채 교회를 개척하려고 하는 내게 적산가옥은 더할 수 없는 좋은 집이었다.

하나님은 우리의 처지와 형편을 살피시고 그에 맞는 해결의 방도를 마련해 주신다. 거의 공짜나 다름없는 가격에 그 가옥을 샀다.

그리하여 1951년 6월 3일 3시에 역사적인 개척예배를 드렸다. 내가 50평생을 섬겨온 중동교회는 그렇게 해서 시작되었다.

나를 적산가옥까지 인도했던 남자는 그 후 다시 보지 못했다. 그전에도 본 적이 없었고 그 후에도 본 적이 없다. 그 마을에 사는 사람이었다면 한번쯤은 보았을 성싶기도 한데 그럴 기회가 영오지 않았다. 그래서 생각했다.

'그 사람은 도대체 누구였을까?'

그 사람은 새벽기도를 마치고 나온 나더러 "어디 가십니까?", "따라오세요."라고 했고, 적산가옥 앞까지 데리고 가서는 "잠시 기다리세요." 했다. 그것은 내 기억 속에 너무나 또렷하게 박힌 사실이다. 그가 나를 그 집으로 데려간 것이 틀림없었다. 그렇다면, 그는 하나님이 보낸 사람이라고 해야 할 것이었다.

하나님이 보낸 사람, 우리는 천사를 그렇게 부른다. 천사는 하나님의 사자이다. 하나님은 흔히 사람을 통해 일하신다. 하나님의 일을 하기 위해 보내진 사람이 천사인 것이다. 때로 하나님은 심판과 징벌을 위해 천사를 보내신다. 그런가 하면 개인이나 공동체를 보호하기 위해 천사를 보내기도 하신다. 천사가 나타난 사건은 하나님의 행위임을 분명하게 가리킨다.

나는 그때 하나님이 내게 천사를 보내 주셨다고 믿는다. 천사를 보내어 교회를 개척할 장소로 나를 인도해 주셨던 것이라고 믿는다. 나는 하나님의 지시에 순종했다. 하나님이 지시하신 바로 그 자리에 교회를 세운 것이다.

21. 첫 교회와 신자들

적산가옥 2층에서 첫 예배를 드렸다. 깨어진 유리 창문은 함석으로 막고 십자가를 세웠다. 우리 가족을 포함해서 열 명이 개척예배를 드렸다. 감격적인 순간이었다. 지춘우 집사와 이순이 집사 등은 중앙성결교회의 최종영 목사님이 보내준 신실한 일꾼들이었다. 그들은 황무지와 같은 곳에 교회의 기초를 닦는 데 열과 성을 다했다. 어쩌면 그들 역시 하나님이 내게 보낸 천사들이었을 것이다.

어찌 천사가 그들뿐이었겠는가?

아직 전쟁 중이었고, 군산에는 실향민들이 많았다. 등을 눕힐 공간이 없어 한데에서 잠을 자거나 천막을 치고 생활하는 사람들이 많았다. 교회 주변에도 실향민들이 몰려들었다. 그들은 군산에 연고가 없는 사람들이 대부분이었고, 따라서 할 일도 잘 집도 먹을 밥도 없었다.

나는 그 사람들을 교회로 불러들였다. 그들은 고향과 집을 떠나 산 설고 물 선 타향을 떠도는 나그네들이었다.

"나그네를 사랑하라 전에 너희도 애굽 땅에서 나그네 되었었음이니라"(신 10:19).

그들을 돌보고 대접하는 것은 하나님을 믿는 사람으로서는 너무나 당연했다. 힘이 닿지 않아서 할 수 없다면 안타까운 노릇이지만, 할 수 있는데도 하지 않는다는 것은 큰 허물이었다. 다행히 우리에게는 그들을 도울 작은 힘이 있었다. 그것은 우리가 가지고 있는 2층 가옥의 공간이었다.

그들을 못 본 척할 수 없는 또 다른 이유가 있었다. 내 눈에는 그들이 또한 천사로 보였다. 히브리서 12장 3절은 우리에게 손님 대접하기를 잊지 말라고 충고한다. 손님을 대접하다가 부지중에 천사들을 대접한 이들이 있었다는 것이다. 그들이 천사인지 어떻게 알겠는가.

적산가옥은 아직 신자 수가 몇 명 되지 않은 처지에서는 그런대로 넓었다. 2층은 교회로 쓰고, 1층을 실향민들의 숙소로 사용했다. 그러자 실향민들이 교회로 몰려들었다. 대부분이 이북 사람들이었다. 그들은 교회에서 지내다가 자립해 떠나기도 하고, 그렇지 못한 사람들은 오래 머무르면서 생업을 찾고 정착하기도 했다. 그들 가운데 많은 수가 우리 교회의 신자가 되었을 것은 두말할 나위가 없다.

이북에서 내려온 실향민들 가운데는 이북에 있을 때 이미 독실한 신앙을 가진 사람들이 많았다. 대부분은 신앙을 지키기 위해 고향을 버리고 남쪽으로 내려온 사람들이었다. 우리 교회 1층에 들어와 기거하던 피난민 가운데도 그런 사람들이 있었다.

▼ 빛과 천사의 인도함을 받아 개척한 첫 교회의 창립 2주년을 맞아

그리고 그들, 준비된 일꾼들의 유입으로 하여 우리 교회는 차츰 기틀을 놓아갔다. 기도의 사람, 마지막 운명을 기도실에서 하신 남봉두 장로 같은 이가 우리 교회의 초기에 부흥의 기틀을 마련하는 데 기여한 공로는 참으로 지대하다 할 것이다.

여섯 명으로 시작한 교회가 얼마 있지 않아 2, 30명이 넘는 신자들로 늘어났다.

그러니 그들, 실향민들을 어떻게 천사라고 하지 않을 수 있겠는가. 그들 역시 하나님이 보내 주신 천사들이었다. 개척한 교회의 초석을 놓고 틀을 만들어 가는 데 흔들림이 없도록 일꾼들을 보내 주신 것이 아닌가. 이런 하나님이 어떻게 고맙지 않겠는가. 이런 하나님을 우리가 어떻게 찬양하지 않을 수 있겠는가.

사실 우리 교회의 지리적인 조건은 매우 좋지 않았다. 판잣집들이 다닥다닥 붙은 빈민가에다 우범지역이기도 했다. 워낙 골목이 좁고 꼬불꼬불하고 복잡해서 속칭 아흔아홉 골목이라고 불리는 지역이었다. 미로나 다름이 없어서 탈영병이나 범죄를 저지른 사람이 이 골목으로 숨어 들어가면 더 이상 뒤쫓을 수 없다는 말이 나돌 정도였다. 실제로 그 골목으로 탈영한 병사를 쫓아 들어갔다가 총을 빼앗긴 헌병도 여러 명이었다.

'이런 곳에 교회를 세우게 하신 하나님의 뜻이 무엇일까?'
나는 생각해 보았다.
'그래, 가난하고 소외되고 약한 사람들을 위한 목회를 하라는 뜻이다.'
스스로 답을 찾아내는 데는 그렇게 많은 시간이 걸리지 않았다. 내가 첫 목회지를 떠나지 않고 지킨 것도 그 때문이고, 장애자나 교도소나 노인들을 위한 선교에 남다른 관심을 기울여 온 것도 그것과 관련이 없지 않다.

그 당시에는 몸이 불편하거나 정신을 상한 사람들이 의료 혜택을 받지 못해 고생하는 일이 많았다. 의료시설도 마땅하지 않았지만, 대부분 가난했기 때문에 어쩔 수 없이 방치해 두는 일이 흔했다. 중동교회가 세워진 지역이 빈민가이다 보니 그런 현상은 더하면 더했지 덜하지는 않았다. 자발적으로든, 가족이나 친지들에게 이끌려서든 몸이 병들었거나 정신이 병든 사람들도 교회로 찾아왔다. 그들에 대한 연민을 갖게 되었고 기도하는 마음을 하나님이 주셨다. 영혼 구원이 물론 중요하지만 세상에서의 부요함과 건강도 소중하다. 그러나 나는 매일 병자들을 위해 기도했고 가난한 자를 돌아보았다.

예수님도 지상에 계실 때 수없이 많은 환자들을 고쳐 주셨다. 그것은 그가 자신의 능력을 과시하거나 기적을 보여 주어서 사람들을 홀리고 자기를 따르게 하기 위해서 그러신 것이 아니었다. 예수님은 병마에 사로잡힌 불쌍한 사람들에 대한 사랑과 연민 때문에 견딜 수 없으셨기 때문이다. 그래서 그들을 보고 고쳐 주셨다.

나는 예수님의 마음을 아주 조금이나마 이해할 수 있을 것 같다. 나에게 맡겨진 양들의 고통은 곧 나의 고통이었다. 어려운 시절을 견디는 더 어려운 이웃들을 위해 저절로 무릎이 꿇어졌다. 나는 다만 그들이 이 땅에서 고통스럽지 않기를 위해 기도했다. 그들을 만나면 그들의 머리에 손을 얹고 기도하고, 그들의 이름을 부르며 중보했다. 그러자 놀라운 일이 일어났다. 많은 사람들이 실제로 병상에서 일어나고, 온전하지 않았던 정신을 회복했다.

내가 무슨 신비한 능력을 가지고 있었던 것이 아니다. 나름대로는 신비체험을 할 만큼 했지만, 그것을 자랑하거나 내가 영광을 받아서는 안 된다고 생각한다. 교회에 덕을 끼치지 않는 은사는 절제되어야 한다. 교회에 덕을 끼치지 않는 은사는 하나님께로부터 온 것인지 숙고해 보아야 한다. 왜냐하면 하나님이 어떤 은사를 주실 때는 반드시 교회의 유익을 위해서 주시기 때문이다.

내가 가지고 있는 것이 있었다면 그것은 성도들에 대한 사랑과 특별히 몸과 정신이 불편한 이들에 대한 안타까움이었다. 그것이 나로 하여금 진실로 간절하게 기도하게 했고, 그 간절한 기도가 능력을 나타낸 것이다.

바울은 "**너희는 더욱 큰 은사를 사모하라 내가 또한 제일 좋은 길을 너희에게 보이리라**"(고전 12: 31) 하고 말했다. 그가 우리에게 사모하라고 말한 그 '더욱 큰 은사'가 사랑이다. 사랑이야말로 기적의 진짜 동기이다. 사랑이야말로 참된 능력이다. 사랑이야말로 가장 큰 은사이다. 어떤 은사도 사랑만큼 크지 않고 사랑보다 중요하지 않다.

더욱 놀랍게도 그것은 우리 중동교회의 초창기 부흥의 밑거름이 되었다. 몸과 정신이 불편한 사람들이 치료를 받고 온전해져서 함께 예배드린다는 소문이 퍼지면서 사람들이 몰려들었기 때문이다. 몸이나 정신이 온전하지 않은 사람들도 있었고, 그렇지 않은 사람들도 있었다. 대부분 가난하고 못 배우고 병든 사람들이었지만 영혼은 더할 수 없이 순정한 이들이었다. 그리고 무엇보다 그들이야말로 하나님이 나에게 보내준 사람들이었다.

군산에서 중동교회가 부흥한다는 소문이 퍼져가기 시작했다.

22. 교회건축, 그리고 나의 목회

신자들의 숫자는 늘어났지만, 우리에게는 교회를 건축할 역량이 아직 부족했다. 그도 그럴 것이 신자들 대부분이 하루 벌어서 하루를 사는 사람들이었다. 개중에는 아예 생계 능력이 없는 이들도 있었다. 그런데 교회를 지으려고 했더니 순조롭게 교회를 지을 수 있었다.

모든 일의 시작과 과정과 결말을 하나님이 쥐고 있다는 것이 내 믿음이다. 이 세상에서 사람이 많은 일을 궁리하고 계획하고 노력하고 이루는 것 같지만, 조금 떨어져서 바라보면 하나님이 그 모든 과정에 개입해 있다는 사실을 어렵지 않게 깨닫게 된다. 하물며 교회건축이야 말해 무엇 하겠는가!

중동교회는 세 차례 교회를 건축했다. 첫 번째, 두 번째

교회는 온 성도들이 한마음으로 세웠다. 어떤 이는 유리병을 모아 팔아서 헌금할 정도로, 성도들의 헌신적인 피와 땀으로 지어졌다. 그런 사람 가운데 중동교회 장로도 나오고 신학교 교수도 배출되었다.

중동교회는 하나님이 보낸 천사들에 의해 세워졌다. 하나님은 사람을 통해 일하신다. 그가 누구든, 하나님이 보낸 사람, 그가 천사이다. 천사를 보냄으로써 하나님은 그 일이 자신이 한 일임을 선언한다.

교회를 지을 때 일어났던 몇 가지 에피소드들이 내 말을 보증할 것이다.

한 학생이 새벽마다 교회에 와서 눈물을 흘리면서 기도를 하는데 어찌나 간절하고 애절하게 기도를 하는지 기도하던 자리가 눈물 자국으로 흥건할 정도였다.

'허, 어린 학생이 도대체 무슨 기도를 저렇게 간절하게 하나? 무슨 고민이 있나?'

몹시 궁금해진 나는 집사님에게 그 고학생이 무엇 때문에 눈물을 흘리며 기도하는지 알아보라고 했다. 전해주는 말에 의하면 이러했다.

'하나님! 우리 교회를 짓게 해 주세요! 성도들은 늘어나고 우리 교회가 협소해서 예배드리기가 어려워졌어요.

그러니 모든 성도님들이 편안하게 예배드릴 수 있는 넓은 교회를 건축할 수 있게 해 주세요!'

아무도 그에게 그런 기도를 하라고 시키지 않았다.

'어려운 고학생이 이런 기도를 드리다니!'

나는 감동과 함께 큰 충격을 받았다. 그리고 기도하는 집인 교회를 세우는 일에 적극성을 띠어야겠다는 감동을 받게 되었다. 그 어린 학생이 나에게 해야 할 일을 지시해 준 것이다. 성도들 앞에서 교회건축의 필요성을 역설했다. 성도들은 모두 나의 생각에 동조했다.

교회를 지을 돈이 마련되어 있지 않았고, 큰돈을 헌금할 재력가도 없었다. 그러나 모든 성도가 한 사람도 빼놓지 않고 교회 짓는 일에 동참했다. 기도로 참여하고 물질로 참여했다. 어떤 이는 발이 부르트도록 길거리를 돌아다니며 버려진 유리병이나 폐휴지·쇠붙이 등을 주워 모아 팔아서 건축헌금으로 내놓았다.

교회를 지을 때도 하나님은 천사를 보내주셔서 우리 일을 도우셨다. 우리가 교회를 건축하기 위해 있는 힘, 없는 힘을 다 모으고 있던 어느 날이었다.

처음 보는 분이 교회로 찾아와서 큰돈을 내놓았다. 다른 교회에 다니는 장로였는데, 나와는 전혀 안면조차 없는 분이었다. 그렇다고 우리 교회 성도와 어떤 연고가 있는 사람도 아니었다. 자연히 어떻게 된 영문인지를 묻지 않을 수 없었다.

"어떻게 오셨습니까?"

"네, 하나님께서 이 교회에 헌금하라고 하셨어요. 그것이 이유예요."

그러나 누구에게도 이 말을 하면 안 된다고 나에게 부탁했다.

또 어느 땐가는 이런 일도 있었다. 역시 처음 보는 한 여집사가 찾아와서 청소하러 왔다고 했다. 그녀 역시 다른 교회의 집사였다.

"하나님이 이 교회에 일손이 필요할 테니 가서 청소라도 해 주라고 하셔서 왔어요."

"말씀만으로도 고맙습니다. 그럴 필요까지는 없으세요."

"아닙니다. 저는 하나님이 시켜서 하는 거예요. 그러니 하나님께서 시키신 일을 하지 않을 수 없어요. 사람이 시킨 일이 아니라 하나님께서 시키신 일을 하고자 합니다. 제발 일을 하게 해 주세요."

그 집사는 도리어 사정했다. 참 무안한 일이었지만, 그렇게 말하는 데에야 막을 길이 없었다. 고맙고 미안하고 해서 음료수를 대접하려고 해도 그마저 사양했다. 그 후 집사님은 6개월 동안이나 우리 교회를 청소했다.

이런 일들을 어떻게 해석해야 할까?

하나님께서는 천사를 보내어 나와 우리 교회에서 일어나고 있는 일들이, 실은 나와 성도들이 계획하고 진행하는 것이 아니라 바로 하나님 자신이 하시는 일임을 분명하게 선언하고 계신 것이다.

그러나 세 번째 지금의 교회를 건축할 때는 어려웠다. 성전 건축의 필요성은 인정했으나 평수에 대한 의견이 달랐기 때문이다. 나는 보통 기도원보다 교회에서 기도하는 것을 선호하는 편이다. 그러나 이번에는 기도원으로 가고 싶은 절박한 마음이 들어 주미산 기도원으로 가서 일주일 금식을 했다. 기도원에서 돌아온 후, 300명의 집사님이 하루에 하루 세 사람이 한 끼씩 100일 동안 금식기도를 하자고 했다. 1980년 9월 13일부터 12월 31일까지 100일 동안 금식기도를 했다. 그래도 준비가 잘 되지 않았다. 다시 2차 금식기도를 1981년 2월 21일부터 8월 29일까지 긴 터널을 통과해야 했다. 지쳐 있는 성도들과 함께 6개월 동안 철야 171일, 금식 10일을 하면서 오늘의 성전을 완공하게 되었다.

한 집사님은 시골에서 교사생활을 하다가 군산으로 와서 중동교회를 출석하고 있던 신혼 집사였는데, 전에 다니던

교회에 전 재산을 드리고 왔기 때문에, 아무것도 없는 상황에서 믿음으로 100만원을 약속했다.

이 소식을 가지고 애육원 권사님에게 찾아갔더니 "저도 해야지요." 하면서 약속을 한 것이 종자 씨앗이 되었다. 오늘의 중동교회 성전은 많은 눈물과 기도로 지어진 교회다.

5장 다양한 사역들

23. 농, 맹아학교를 열다 /179
24. 교도소선교 /181
25. 한 신학생에 대한 기억 /193
26. 성도들과 함께 살다 /197
27. 공라헬 전도사님에 대한 추억 /205
28. 어부지리로 총회장이 되다 /208
29. 이 겨울을 따뜻하게 하소서 /214
30. 의정사 발간 /219
31. 나의 소망 /222

23. 농, 맹아학교를 열다

교회는 앉을 곳이 없을 만큼 부흥이 되어 새로 건축하게 될 즈음에 개명협회에서 한글을 모르는 사람들에게 성인 한글교육을 했다. 그리고 얼마 후에 구화·수화를 하는 농아 전도사님이 와서 군산에 농아들을 위한 시설이 없다고 하면서 농아들을 위한 학교를 세웠으면 좋겠다고 요청했다. 나는 교회가 부흥하는 것도 중요하지만 또한 장애우 들에 대한 관심도 소중하게 생각했다.

나는 그분이 그런 상의를 해왔을 때 하나님이 어려운 사람들, 약한 사람들, 소외된 사람들에 대한 관심을 환기시키는 것으로 받아들였다. 복음을 받아들이려고 해도 받아들일 수 없는 조건과 환경 아래 있는 사람들을 모른 체하고 방치한다는 것은 옳은 일이 아니었다.

나는 즉석에서 적산가옥을 농, 맹아들을 위한 학교로 이용하겠다고 말했다. 그리고 OMS의 지원을 받아 학교를 열었다.

그러자 군산은 물론 각지에서 듣지 못하고 말하지 못하는 어린아이들이 찾아왔다. 남원, 충청도 여기저기에서 학생들이 몰려왔다.

나중에는 지원을 받지 않고 우리 교회에서 독자적으로 학교를 운영했다. 보청기를 끼고 수화를 하며 또 맹아들은 점자를 배웠다. 호응이 아주 좋았다. 집이 너무 멀거나 생활이 어려운 몇몇 학생들은 집에 가지 않고 아예 학교에서 숙식을 해결하기도 했다.

밝은 표정으로 수화를 주고받는 학생들을 보면 가슴이 뿌듯했다. 그들은 자기들을 교육해 줄 수 있는 이런 시설을 얼마나 기다렸겠는가. 남들처럼 배우고 말하고 의사소통하기를 얼마나 바랐겠는가.

예수님께서 말을 못하고 듣지 못해서 답답한 사람의 귀와 입을 열어주고, 걷지 못한 사람의 다리를 펴 주신 그 안타까우셨던 마음을 조금이나마 알 것 같았다.

말하자면 그것이 특수 선교의 시작이었다. 장애자들을 위한 선교, 재소자들을 위한 선교, 노인을 위한 선교를 그 때부터 꾸준히 해 왔다.

24. 교도소선교

교도소선교 역시 50년 이상 해 오고 있다. 처음 교도소에 발을 들여놓게 된 것도 계기가 있었다.

우리 형제는 4남 2녀이다. 아버지가 일찍 돌아가시자, 숙부님이 아버지처럼 우리 형제를 많이 챙겨 주셨다. 당신도 그다지 형편이 넉넉하지 않았으므로 경제적인 도움을 크게 주시지는 못하셨지만, 그러나 언제나 우리 생활을 걱정해 주고 마음을 써주고 하셨다.

그런데 숙부님이 마을에서 이장으로 있으면서 마을 사람들과 함께 소를 한 마리 잡아먹었다. 그 시절에는 시골에서 명절이나 무슨 잔치가 있으면 공동으로 소나 돼지를 잡는 일이 흔했다. 그런데 그 일이 밀도살로 고발되어 처벌받을 위기에 놓여 있었다.

이 문제를 가지고 걱정하는 것을 안 셋째 동생이 숙부님 대신 경찰서에 찾아가 자기가 저지른 일이라고 거짓으로 자수하였다. 동생도 숙부님이 아버지처럼 우리 형제와 우리 집안을 돌봐 주신 일을 기억하고 있어서, 나이도 많은 분을 고생하게 하면 안 되겠다고 판단한 모양이었다.

'동생이 형인 나보다 낫구나.'

나는 마음속으로 동생에 대하여 고맙게 생각했다.

그러나 어쨌든 그 대가로 당장 교도소에 들어가게 되었다. 동생은 8개월이나 감옥살이를 해야 했다.

동생이 감옥에 있는데 형으로서 찾아가지 않을 수 없었다. 내가 면회를 다니면서 직접 보니까 교도소에 수감되어 있는 재소자들의 처지를 볼 때 참으로 마음이 아팠다. 모르면 모를까 알고서야 모른 체할 수 없었다.

그 순간 마태복음 25장의 말씀이 떠올랐다.

"그 때에 임금이 그 오른편에 있는 자들에게 이르시되 내 아버지께 복받을 자들이여 나아와 창세로부터 너희를 위하여 예비된 나라를 상속하라 내가 주릴 때에 너희가 먹을 것을 주었고 목마를 때에 마시게 하였고 나그네 되었을 때에 영접하였고 벗었을 때에 옷을 입혔고 병들었을 때에 돌아보았고 옥에 갇혔을 때에 와서 보았느니라

이에 의인들이 대답하여 가로되 주여 우리가 어느 때에 주의 주리신 것을 보고 공궤하였으며 목마르신 것을 보고 마시게 하였나이까 어느 때에 나그네 되신 것을 보고 영접하였으며 벗으신 것을 보고 옷 입혔나이까 어느 때에 병드신 것이나 옥에 갇히신 것을 보고 가서 뵈었나이까 하리니 임금이 대답하여 가라사대 내가 진실로 너희에게 이르노니 너희가 여기 내 형제 중에 지극히 작은 자 하나에게 한 것이 곧 내게 한 것이니라 하시고"(마 25:34~40).

마지막 날에 칭찬을 받은 사람들은, 굶주린 자들에게 먹을 것을 주고 목마른 자에게 마실 것을 주고 나그네를 맞이하고 벗은 자를 옷 입히고 병든 자를 간호해 주고 갇힌 자를 찾아간 사람들이었다.

갇힌 자를 돌아보아야겠다는 결심이 생겼다. 하나님이 나에게 그곳에 가게 한 것은 그곳에 내가 할 일이 있었기 때문이라고 생각하지 않을 수 없었다. 하나님은 세상에 이렇게 돌볼 사람이 많고, 할 일이 많다는 사실을 알게 하시려고 나를 교도소로 이끄셨다.

1951년 성탄절 무렵부터 시작된 교도소선교는 50년이 넘는 시절 동안 잠시라도 빼놓을 수 없는 매우 중요한 나의 일이 되었다.

"선교할 곳도 많은데 하필이면 교도소입니까?"

주위에서는 이렇게 핀잔을 주기도 했다.

"그리스도의 복음은 들어가지 않을 곳이 없지요."

나의 대답이었다. 누구나 그리스도의 복음을 들어야 하기 때문이다.

"특히 갇히고 격리된 자들에게는 더욱더 복음이 필요합니다."

"전도해 봤자 거둘 소득이 없잖습니까?"

하기야 그렇게 말할 만도 했다. 출소자라고 찾아와서 행패를 부리고 돈을 내놓으라고 협박을 가하기도 했다. 그렇지만 그런 몇 사람 때문에 영혼을 구원하는 소중한 일을 중단할 수 없었다.

"갇힌 자를 돌아보라는 것은 그리스도의 명령이니까요."

내게는 하나님의 말을 듣는 것이 사람의 말을 듣는 것보다 우선이었다.

재소자들에게 가장 고통스러운 것은 외로움이다. 사회에서 무슨 일을 한 사람이든, 그리고 무슨 죄를 짓고 갇힌 처지가 되었든 그곳에 들어오면 다들 세상과의 단절된 소통 때문에 괴로워한다. 자주 찾아가는 것보다 더 큰 선물은 없다. 내가 주로 한 일은 기회가 있을 때마다 교도소에 찾아가 그들에게 그리스도의 복음을 전하고 새로운 사람으로 거듭나기를 촉구하는 것이었다.

그러나 무작정 말씀만 전하고 올 수는 없는 일이다. 그들에게는 현실적인 필요를 채워 주는 일이 영적인 필요를 공급하는 것 못지않게 중요하기 때문이다. 특히 설이나 추석·성탄절 같은 명절에 갇힌 사람들은 외로움을 많이 타고 회한에 젖게 된다. 그런 날 그들을 찾아가서 따뜻한 떡국이라도 먹게 하면, 재소자들의 마음이 한결 부드러워지는 것을 느낄 수 있다. 그래서 나는 음식을 온 정성과 사랑으로 음식을 만들도록 했다. 예를 들어 찰떡을 해도 그 속에 밤·대추·콩·마른 호박을 넣어 어느 떡집에서도 흉내 낼 수 없도록 맛있게 만들었다.

재소자들 가운데 가족들이 자주 찾아오는 사람은 그래도 조금 나은 편이지만, 개중에는 아예 찾아올 가족이나 친지가 없어서 더욱 외롭고 고통스럽게 지내는 사람들이 있었다. 몸이 불편하거나 나이가 많은 경우에는 더욱 보기가 딱했다. 그런 사람들에게는 기념일이라는 것도 별다른 의미가 없었다. 예컨대 1년에 한번 오는 자기 생일도 그냥 넘어가기 일쑤였다.

생일 축하라도 해 주어서, 누군가 자신의 존재를 기억하고 축하해 주는 사람이 있다는 사실을 알게 하고, 그럼으로 세상에 대한 희망을 품도록 해주어야 한다는 생각을 했다. 그래서 불우한 재소자들을 위한 생일 축하 행사를 열어 주었다. 그 행사는 지금도 군산시 교회들의 협조로 계속 이어지고 있다.

1999년 교도소 안에서도 재소자들이 텔레비전을 시청할 수 있게 허가가 났다. 텔레비전을 시청함으로써 정서적으로 안정을 찾는 데 어느 정도 도움을 줄 수 있을 것이고, 또 세상과의 단절감도 조금은 줄일 수 있을 것이다. 그런데 허가만 났을 뿐 실제로 재소자들이 텔레비전을 시청할 수 있었던 것은 아니었다. 그 이유는 텔레비전이 없었기 때문이다.

그러자 교도소측에서 선교회장인 나에게 그 사실을 알려왔다. 나는 텔레비전을 놓을 수 있는 방이 몇 개이고, 몇 대가 필요한지를 물었다. 교도소 측에서는 방이 138개라서 138대의 텔레비전이 필요하다고 했다.

그 무렵에 주례를 해 준 일이 있었는데, 신랑의 아버지가 평소에 나를 돕던 사람이었으므로 특별 헌금을 했다. 나는 그 돈을 재소자들에게 보낼 텔레비전 구입비로 내놓았다. 임동선 목사님이 500만원을 보내왔다. 그래도 138대나 사려면 턱없이 모자랐다. 군산에 있는 다섯 개 대학과 각 교회에 사정을 알리고 호소문을 보냈다. 생각한 것보다 훨씬 좋은 반응이 돌아왔다.

처음에는 예산이 모자라면 중고 텔레비전도 구할 생각이었는데 그럴 필요가 없을 만큼 협력이 잘되어, 138대 전부를 새 텔레비전으로 구입해서 각 방에 설치할 수 있게 되었다. 지금 군산의 교도소에서는 모든 재소자들이 텔레비전을 시청하고 있다.

빼놓을 수 없는 이야기가 있다. 내 아들 이야기이다. 내가 낳은 친아들이 아니고, 교도소에서 만나 양자로 삼은 아들이다. 그러나 친아들 못지않게 내가 사랑하고 아끼는 아들이다. 그곳에 들어온 재소자들 중에 특별한 사연을 간직하지 않은 사람은 없지만, 그 역시 매우 특별한 사연을 가진 죄수였다.

그는 전직 경찰관이었다. 그러나 한순간의 실수로 죄수의 신분이 되어 버린 비운아였다.

사연은, 순찰 중에 본서로부터 집에 무슨 일이 일어난 것 같으니 가보라는 연락을 받게 된다. 집으로 달려간 그의 눈에 보이는 모습은, 사납게 어머니에게 대들고 있는 자기 아내의 모습이었다.

"저런, 몹쓸…!"

시어미에게 행패를 부리는 아내의 모습이 그의 눈에는

못쓸 여자로 보였다. 그의 수중에 실탄이 장전된 총이 들어 있었다는 것이 불운이었을까?

순간적인 분노를 참지 못하고 그는 권총을 빼들었다. 흥분 상태에서 그는 총을 쏘았다. 아내가 쓰러지고 두 명의 아들이 쓰러졌다. 그 자신도 자살을 시도했으나 한쪽 눈을 실명한 채 목숨을 건졌다.

법정은 그에게 무기징역을 선고했다. 그랬다가 15년으로 감형되었고, 현재 청주교도소에 복역 중이다.

1992년이었을 것이다. 평소 때와 다름없이 재소자들을 만나 설교를 한 후인데 한 재소자가 나를 찾아왔다. 그는 내 설교를 듣고 자신의 행한 죄가 뼈저리게 후회되어서 견딜 수 없었노라고 했다. 그러면서 자기가 그곳에 들어온 사연을 이야기하기 시작했다.

이야기를 듣는 도중에 나는 그가 자신의 잘못을 깊이 뉘우치고 있다는 생각을 하게 되었다. 30대 초반의 젊은 혈기를 절제하지 못한 것이 그의 인생을 완전히 바꿔 놓은 셈이었다. 감정을 조절하는 것이 얼마나 중요하고 어려운지를 그의 삶이 보여 주고 있는 셈이다.

나는 한순간의 격정을 이기지 못해서 자신의 인생을 망쳐 버린 30대 초반의 그 젊은이에게 진심으로 안타까움을 느꼈다. 그때 그가 총을 들고 있지만 않았어도 그렇게까지

극단적인 상황은 결코 벌어지지 않았을 것이다.

"잘못한 게 무엇인지 알겠어요?"

내가 말하자, 그는 고개를 끄덕였다.

"왜 모르겠습니까? 홧김에 그만… 차마 못할 짓을 하고 말았습니다."

"당신이 잘못한 것은, 총을 쏜 것이 아니라 지혜롭지 못한 것이에요. 당신이 지혜로웠다면, 거기서 총을 쏘는 것이 아니라 무릎을 꿇고 어머님께 용서를 빌었어야 해요. 왜냐하면 부부는 일심동체이기 때문이지요. 아내가 잘못한 것은 곧 남편이 잘못한 것입니다. 그러니까 그 순간, 어머니와 싸우고 있는 아내를 억지로라도 떨어지게 해서 같이 무릎을 꿇고 큰절을 올렸어야 해요. 그랬다면 이런 일은 생기지 않았을 겁니다."

거기까지 말하자 그의 눈에서 눈물이 흘러내렸다.

"제가 조금만 일찍 목사님 같은 분을 만났더라면 좋았을 것을…."

나는 눈물을 그칠 줄 모르는 그를 위해 기도해 주었다. 이제 남은 인생을 주님께 맡기고 새롭게 살자고 했다.

내가 이렇게 격려하자 그는 그렇게 하겠다고 약속했다.

그 날의 약속이 지금까지 그의 행동을 통해 드러났다. 그는 정말로 새로 태어난 사람 같았다. 그는 열심히 성경을 읽었고, 열심히 기도를 했고, 이런저런 궂은일도 마다하지 않고 잘하고 전도도 열심히 했다.

그리고 정말 열심히 편지를 보내 왔다. 그가 써 보낸 편지에는 자신이 화를 참지 못하고 충동적으로 저지른 행위에 대한 깊은 참회와 반성이 눈물과 함께 토로되었고, 그리스도 안에서 새로 시작한 삶에 대한 기쁨과 각오가 숨김없이 드러났다. 그는 나를 아버지로 부르기로 했다고 하고는 대뜸 아버지로 호칭했다. 자신에게 새로운 세계, 참된 생명의 영적 세계를 펼쳐 보여 주고 새로운 생명을 주었으니 아버지가 되어 달라는 것이었다. 그래서 나는 늘그막에 아들 하나를 더 얻게 되었다.

새로운 삶에 대한 희망으로 무장한 그는 교도소 안에서 공부하여 각종 기능 자격을 다섯 개나 취득했다. 모범수에게 주어지는 귀휴를 얻어 잠시 세상으로 나오기도 했다. 그때 유일하게 살아 있는 딸아이와 재회하고 부녀간의 끊어졌던 정을 회복하는 장면을 찍은 다큐멘터리 방송이 텔레비전에 방영되었었다.

2001년 3월에는 참으로 감사하고 행복한 일이 있었다. 10년째 복역 중인 내 아들이 교도소에서 옥중 결혼식을 올리게 된 것이다. 나는 그가 새 가정을 꾸려서 지난날의 마음의 상처를 치유할 수 있었으면 하는 바람을 은근히 품어 오고 있었다. 그런 소망은 특별히 졸지에 어머니를 잃고 아버지마저 교도소에 가게 되어 고아가 되어 버린 그의 어린 딸에 대한 걱정 때문이기도 했다. 어린아이였던 딸아이가 사춘기에 접어드는 나이가 되었다. 어른들의 사정 때문에 아이가 상처받고 방황하고 불행해지는 사태가 생길까 염려되었다.

가장 중요한 것은 깨어진 가정을 회복하는 일이었다. 안정된 가정에서 자란 아이가 삐뚤어지는 법이 없다고 나는 믿고 있다. 그래서 기도하던 중에 좋은 일이 일어났다.

옥중에 있는 아들의 사정을 다 알고 이해하고, 그리고 사랑하겠다는 마음씨 착한 여자를 하나님이 보내 주신 것이다. 하나님의 섭리는 어찌 그리 오묘한지! 두 사람이 서로 마음에 들어 하니 마다하거나 미룰 이유가 없었다.

2001년 3월 17일, 그의 결혼식에 나는 당연히 혼주의 자격으로 참여했다. 그리고 기쁜 마음으로 그들의 행복을 비는 기도를 드렸다. 새롭게 시작하는 이 특별한 부부의 앞날을 축복했다.

감격에 벅차서 눈물이 주체할 수 없이 쏟아졌다. 더 고맙고 행복한 날이 있을까 싶었다.

예수님은 복음이 '예루살렘과 온 유대와 사마리아와 땅 끝까지' 전파되어야 한다고 말씀하셨다.

"오직 성령이 너희에게 임하시면 너희가 권능을 받고 예루살렘과 온 유대와 사마리아와 땅 끝까지 이르러 내 증인이 되리라 하시니라"(행 1:8).

복음이 땅 끝까지 전파된 것 같은 생각을 하는 사람이 많지만, 그렇지 않다. 이 땅에는 아직도 그리스도의 복음이 전해지지 않은 곳이 많이 있다. 아직도 병든 자, 소외된 자, 갇힌 자들이 그리스도의 복음을 기다리고 있다.

그리스도의 복음을 받아들여 변화된 사람들을 만날 때면 생각한다.

'땅 끝이란 어디일까?'

그것은 아프리카 오지가 아니라, 복음이 들어가기 어려운 장애우, 갇힌 자, 주님이 보내는 곳이 땅 끝이라는 생각을 한다.

교도소선교에 애쓴 공이 인정되어 내게 교정대상이 주어졌다. 받지 않을 때 뿌듯한 것이지, 받고 나면 부족한 점만 생각나서 부끄러울 뿐이다.

25. 한 신학생에 대한 기억

군산에서 1957년 초 대규모 집회를 열었을 때, 강사는 샘 토드 목사님이었고, 학교 운동장을 빌려서 집회장으로 사용했다. 군산 지역의 모든 교회들이 연합으로 참여하였다.

나는 그 일을 주관하면서 그 대규모 집회가 군산지역을 하나님의 복음으로 변화시킬 아주 중요한 계기가 될 거라고 확신했다. 대중들 속으로 복음이 누룩처럼 퍼져 들어가야 했다. 그러자면 폭발적인 부흥의 열기가 붙어야 했다.

내 예상은 틀리지 않았다. 말씀과 은혜를 사모하는 성도들의 열기는 가히 폭발적이었다. 집회는 대성공이었다. 몰려든 인파로 학교 운동장이 좁을 지경이었고, 성도들의 간절한 기도 소리는 군산시민의 마음을 움직였다. 실제로 이 집회 이후 군산지역에 교회와 신자의 수가 크게 증가했다. 지금은 전국적으로 신도 비율이 가장 높은 지역이 되었다.

이 집회에서 샘 토드 목사의 통역을 한 사람은 나중에 세계에서 가장 큰 교회의 목사가 된 조용기 목사였다. 그는 당시 신학생 신분으로 통역을 했다.

샘 토드 목사님이 설교하는 도중, 통역하는 조용기 신학생을 가리키며 말했다.

"이 학생이 그리스도의 복음을 위해 자신의 일생을 바치기로 하고 신학공부를 하고 있습니다. 그런데 책상이 없다고 합니다. 하나님과 한국교회를 위해 큰일을 할 젊은이가 책상이 없어서 공부를 못한다니, 말이 됩니까?"

나는 큰소리로 말했다.

"제가 마련해 주겠습니다."

집회가 끝나자마자 곧 책상을 사 주었다.

다음 집회 때 샘 토드 목사가 또 통역자를 가리키면서 말했다. 통역자는 첫 번째 집회 때와 같은 사람이었다.

"주님을 위해 살기로 헌신한 이 젊은이가 자전거가 없어서 통학하는 데 불편을 겪고 있습니다. 누가 이 친구를 위해 자전거를 구해 주겠습니까?"

그곳에 모인 많은 사람들이 손을 들며 외쳤다.

"저요, 저요! 제가 하겠습니다."

집회가 끝나고 자전거도 구해 주었다. 그때는 똑똑하고 영어 잘하고 신실한 신학생으로만 알았을 뿐 나중에 그렇게 세계에서 가장 큰 교회의 목사가 될 줄은 몰랐었다. 대전 순복음교회에서 내가 축사하는 시간에 조용기 목사가 이렇게 세계적인 목사가 될 줄 알았더라면 그때 더 잘 해 줄 것인데 하였더니 많은 사람들이 웃었다.

사람의 미래는 알 수 없는 것이다. 더구나 젊은이들은 가능성의 세대이다. 무엇이든 될 수 있다는 점에 젊음의 매력이 있다.

우리가 지금 만나고 있는 사람이 나중에 무슨 일을 하게 될지, 어떤 사람이 될지 알 수 없다. 지금 내 옆에 있는 사람이 그런 인물이 될지 모른다. 옆에 있는 사람들의 필요를 채워주면 훗날에 좋은 일이 일어나게 될 것이다.

샘 토드 목사의 말대로, 주님을 위해 위대한 일을 할 사람이 책상이 없어서 공부를 하지 못한다고 해서야 말이 되겠는가.

그 당시에는 복음을 전파하고 확산하는 데 대중 집회가 상당히 효과적인 기회였다. 불안한 사회적 분위기·경제적 궁핍·가치관의 혼란 등으로 의지할 대상을 찾고 있었던 이 나라 백성들은 하나님의 말씀을 통해 위안을 받고자 했다. 집회가 열리면 사람들이 몰려왔고, 열정적인 말씀증거에 의해 예수 믿기로 결단하고 교회를 찾는 사람이 많아졌다. 중동교회에서도 집회를 열어 방황하는 영혼들에게 큰 감동의 기회를 제공했다.

　이성봉 목사님, 임동선 목사님, 그리고 김달향 전도사님 등과 같은 부흥사들에 의해 은혜의 파도가 일어났다. 초기의 교회 성장은 이런 집회의 결과라고 생각한다.

▼ 중동교회 창립 5주년을 기념하며(첫번째 건축한 교회)

26. 성도들과 함께 살다

집회는 일시적인 충격요법 같은 것이다. 타성에 젖어 밋밋해지고 해이해진 신앙생활에 적당한 자극을 가해 열정과 헌신을 다시금 회복시켜 주는 역할을 한다.

그러나 목회는 집회와는 다르다. 목회를 그런 식으로 행사 위주로 끌고 가다가는 백발백중 실패하고 만다. 집회를 통해 불러일으켜진 은혜가 소멸되지 않도록 하기 위해서는 성실하고 참을성 있는 돌봄에서 말미암는다. 목자는 성도들의 어버이여야 한다.

나는 목회를 시작한 이후 가능한 한 성도들과 밀착하기를 원했다. 할 수 있는 한 성도들에게 가까이 다가가기를 원했다. 성도들의 삶 속에 들어가기를 원했다. 성도들의 영혼만이 아니라 성도들의 집을 돌보고 성도들의 건강을 돌보고 심지어는 성도들의 부엌까지도 돌볼 수 있어야 한다고 생각했다.

성도들의 부엌에 있는 숟가락 숫자까지 환히 세고 있었다는 말은, 당시 사람들의 살림살이의 규모가 그만큼 크지 않았다는 뜻도 되지만, 그만큼 목회자와 성도들 사이의 거리가 떨어져 있지 않았다는 뜻이 더 강하다.

우리 성도들 가운데 나에게 책을 선물로 받지 않은 사람이 없다. 많이 받은 사람은 열 권도 더 받았을 것이다. 물론 내가 쓴 책을 선물한 것은 아니다. 내가 읽고 감동을 받았거나 신앙생활에 도움이 될 만하다고 판단된 책을 한꺼번에 사놓고, 기회가 있을 때마다 각 성도들에게 필요하겠다 싶은 책을 선물했다. 교회와 성도들을 떠나지 않고 함께 생활하면서 파악한 성도 한 사람 한 사람에게 어울리는 책을 골랐다. 그렇게 함으로써 우리 교회 성도들이 내 말과 생각의 주관성에 함몰되지 않고, 또 부분적인 한계에 갇히지 않고 보편성을 획득할 수 있도록 애를 썼다.

굳이 말하자면 내가 추구한 것은 생활목회였다. 성도들의 생활 속으로 스며들어 가는 것, 그리하여 성도들로 하여금 생활 속에서 자신들의 믿음을 지키게 하는 것이다. 믿음이 생활화되어야 하듯이 목회도 생활화되어야 한다고 나는 생각했고, 그 생각대로 목회를 해왔다.

그것은 그다지 화려하지도 않고 멋있지도 않다. 그리고 성실하지 않은 사람은 할 수 없는 일이기도 하다. 그래서 기피한다면 그것은 자신이 목회자인가 되돌아보아야 할 것이다. 왜냐하면 목회는 원래 화려하지도 않고 멋있지도 않기 때문이다. 왜냐하면 화려하고 멋있는 일은 따로 있다. 목회는 오직 성실만을 요구할 뿐이다.

성도들의 슬픔이 목회자의 슬픔이고, 성도들의 기쁨이 목회자의 기쁨이다. 성도 한 사람이 기쁘면 목회자도 기쁘고, 성도 한 사람이 아프면 목회자도 아프다. 끼니가 어려운 성도들의 가정에 쌀을 갖다 주고, 병든 사람이 있는 가정에 찾아가 기도해 주는 것은 목회자의 근본된 도리라고 생각했다.

나는 그렇게 했다. 나는 기도하고 성경 보는 날을 빼면 늘 성도들을 찾아나갔다. 그리고 그들의 처지와 형편을 살피고, 그들의 생활 속에서 느끼는 기쁨이나 슬픔, 아픔이나 고뇌를 같이 느끼기를 원했다. 교회가 유일한 관심사였다. 평생을 교회를 떠나지 않고 살았다. 아픈 사람을 위해 기도해 주고, 집 없는 사람을 교회에 와서 살게 하고, 쌀독이 빈 집에는 쌀을 퍼다 주었다.

나는 잘하는 것도 없고, 자랑할 것도 별로 없는 사람이지만, 이것 한 가지만은 아주 당당하게 내세울 수 있다. 교회와 성도들이 아닌 다른 무엇에 마음을 빼앗겨 본 적이 없다고. 총회장 시절에도 다른 지역으로 출장을 갔다가 한밤중에라도 교회로 돌아와 새벽기도회를 인도했다. 교회는 나의 기업이다. 나는 한시도 교회를 떠날 수 없었다.

목회하는 중에 서울의 교회에 부임할 수 있는 기회가 있었다. 그러나 나는 정든 중동교회와 성도들을 떠날 수 없어서 포기했다. 물론 하나님의 뜻이라고 생각이 되었다면 갔을지도 모른다. 그리고 더 좋은 길이라고 성도들을 버리고 간다는 생각이 들었기 때문이었다. 그들과 마음을 같이하다 보니 그들을 떠날 수 없었다.

그런데 반하여 가족들에게는 관심을 표현할 수 없었다. 아이들에게 자상한 아빠 노릇을 별로 해 보지 못했고, 아내에게도 그다지 좋은 남편 노릇을 하지 못했다. 어쩌면 아내나 자식들은 나에게 불만이 있었을는지도 모르겠다.

첫 번째 아내는 6·25 때 당한 고문으로 몸이 많이 약해진 상황에서 개척 교회 섬기느라 고생하다가 먼저 하늘나라로 갔다. 아내를 자상하게 돌아보지 못한 것이 지금도 미안한 마음이다.

아내는 새벽마다 찬송가 135장 '갈보리산 위에'를 즐겨 불렀다.

'최후 승리를 얻기까지
주의 십자가 사랑하리
빛난 면류관 받기까지
험한 십자가 붙들겠네'

지금의 아내도 마찬가지로 많은 고생을 하였다. 어떤 사람은 내 아내가 도망가지 않고 살아 준 것만으로도 고마워해야 할 거라고 말했다고 한다. 그 말이 아주 틀린 것 같지도 않다. 나는 교회로부터 최소한의 사례금만 받았다. 성도들 가운데는 끼니를 해결하기 어려운 사람도 있는데, 목회자인 내가 풍족한 생활을 하는 것은 어쩐지 옳은 일 같지 않았다. 그나마도 아내에게 주지 않고 내 호주머니에 넣고 다니다가 어려운 사람이 있으면 주고 선교비로 쓰고 했다.

집안의 살림과 아이들의 교육을 아내가 도맡아서 했다. 아내는 생활비와 교육비를 마련한다고 닭과 돼지도 기르고, 염소를 치기도 하고, 스테인리스 그릇 같은 것을 이고 다니며 팔기도 했다. 자연히 성도들의 눈에는 좋아 보이지 않았을 것이다. 돈이 없으면 빌리기도 하고 빌리다 보면 바로 갚지 못할 때 당하는 고통도 우리 가족들이 겪었다.

상도동교회 여전도사로 교회를 잘 섬기다가 결혼한 아내는 그래도 변함없이 가정을 잘 이끌어 왔다.

어찌 남편인 나만을 위해 그렇게 참고 희생했겠는가! 아내의 마음속에 주님과 하나님나라를 위한다는 마음이 없었다면 그런 희생은 가능하지 않았을 것이다.

어려서 가장이 되자 어머니는 동생들에게 나를 아버님처럼 대하라고 가르쳐 주셨다. 그래서 동생들이 나를 위해 많은 희생을 하였다.

▼ 1994년 8월, 두암교회에서 1차 전가족 모임을 갖고

내 바로 밑의 동생은 6·25 때 나 대신 먼저 하늘나라에 갔다. 둘째 동생은 나대신 작은아버님을 대신해서 옥살이를 했다. 장로로 교회를 섬기다가 하늘나라로 갔다. 셋째 동생은 태평성결교회를 40여 년 섬기다가 은퇴했고 하나님의 부르심을 받은 후 시신기증까지 했다. 조카가 아버지를 이어서 목회를 잘하고 있다. 넷째 여동생은 남편이 목사가 되기를 소원한 대로 목사가 되었고, 은퇴 후에도 교회를 잘 섬기고 있다.

▼ 2004년 5월, 10년 만에 2차 전가족 모임을 갖고

그리고 나의 자녀는 모두 8남매다. 아들 넷, 딸 넷이다. 큰딸은 6·25 후유증으로 두 아들을 낳고 먼저 하늘나라로 갔다. 장남 영곤은 해선교회에서 목회를 하고 있다. 둘째는 6·25 때 순교하였다. 셋째 아들 헌곤은 춘천 새순교회를 섬기고 있다. 둘째 딸과 사위는 왕십리 장로교회에서 반주자와 청년교사로 섬기고 있다. 셋째 딸은 오산 성실교회를 섬기는 목사의 아내다. 넷째 아들은 천호동교회 집사로 섬기고 있다. 넷째 딸은 독일 유학 중 변호사와 결혼에서 살고 있다.

▼ 독일에서 사는 딸 김신미 가족(남편은 변호사 허슬기, 딸 허하나, 허한별)

27. 공라헬 전도사님에 대한 추억

공|라헬 전도사님은 내게 있어 어머니와 같은 분이었다. 그분을 생각하면 믿음을 지키다 순교하신 어머니 생각이 난다.

나는 어머니의 죽음 앞에서 늘 죄인의 심정이 되었다. 어머니의 순교의 정신을 빛바래지 않게 하기 위해서라도 참으로 신실하게 주의 종의 삶을 살아야겠다는 결심을 하는 것으로, 그리고 한눈팔지 않고 복음을 들고 매진하는 것으로 어머니에게 진 무거운 빚을 아주 조금이나마 갚겠다는 생각을 했다. 그런다고 갚아질 빚이 아니라는 것은 알지만, 어느 정도의 심리적인 위안은 받을 수 있었던 것 같다.

공라헬 전도사님은 군산 중앙교회에서 오랫동안 시무하시다가 은퇴하셨다. 은퇴 후에는 우리 중동교회에 오셔서 기거하시면서 목회 일을 도왔다. 은퇴한 여전도사님들은, 대개 독신이라 평생을 주님을 위해 헌신하고서도 은퇴한 후에는 의지할 자식이 없어서 외롭고 쓸쓸하게 노년을 보내는 경우가 많았다. 공라헬 전도사님도 마찬가지였다. 나는 그분을 어머니처럼 생각해 왔으므로 당연히 내가 모시기로 한 것뿐이었다.

그런데 우리 교회에 오시고 얼마 있지 않아 중풍으로 쓰러져 몸을 움직일 수 없게 되셨다. 나는 공 전도사님을 우리 집에 모셨다. 다른 방도가 있지도 않았다. 나에게는 마음으로 어머니였으므로 피할 이유도 없었다. 오히려 공라헬 전도사님을 우리 집에 모시면서 나는 하나님께서 어머니에게 진 빚을 갚을 수 있는 기회를 준 것이라는 생각을 했다. 그런 점에서라면 오히려 내가 공 전도사님께 고마워해야 할 일이었다.

나와 아내는 어머니를 모시듯 전도사님을 모셨다. 몸을 움직이시지 못하는 전도사님을 위해 밥을 떠먹이고, 몸을 씻기고, 옷을 갈아입히고, 대소변을 받아내는 일을 직접 했다. 하루 이틀이 아니었다.

공라헬 전도사님은 우리의 간호를 받으며 8년 4개월을 사셨다. 8년 4개월 동안 우리 부부는 성심껏 전도사님을 모셨다. 그분이 우리 부부에게는 살아 돌아오신 어머니와 같은 분이었기 때문이었다.

그분은 왜 살아 돌아오셨을까?

'내 마음속에 응어리져 있는 슬픔과 죄책감을 풀어 주려고 다시 오신 것이다.'

나는 이렇게 생각했다. 그런 생각이 들었기 때문에 더욱 성심을 다해 전도사님을 돌봐드리지 않을 수 없었다.

공라헬 전도사님이 돌아가셨을 때, 내 마음은 어머니를 다시 잃은 것처럼 슬펐다.

▲ 어머님처럼 모시던 공라헬 전도사님(앞줄 왼쪽에서 여섯 번째)

28. 어부지리로 총회장이 되다

1971년에 나는 우리 교단의 제26회 총회장으로 선출되었다. 지방에서 목회에만 전념하는 자로 총회활동도 하지 않았다. 나이도 쉰넷 밖에 되지 않은 나에게 교단 총회장이라는 막중한 책임이 따르는 직책이 주어진 것은 뜻밖의 일이어서 난감했다. 나로서는 총회장직에 전혀 뜻이 없었기 때문에 더욱 그러하였다.

당시의 교단상황은 신앙노선과 지역적인 연고 때문에 갈등이 심했다. 누구는 진보고 누구는 보수고, 누구는 어느 지역 출신이고 하는 것이 판단의 기준으로 작용하는 경우가 흔했다. 거기다가 교단은 통제력이 미약했다. 이래저래 교단 운영이 쉽지 않았다.

그해 교단 총회장으로 유력한 후보는 서울의 황모 목사

와 광주의 김모 목사였다. 그들은 각각 특정 지역을 대표하면서 동시에 진보와 보수의 대결을 벌였다. 예컨대 서울의 황모 목사는 보수적 진영을 대표했고, 광주의 김모 목사는 진보적 진영을 대표했다. 양대 산맥은 첨예하게 대결을 벌였다. 누구든 3분의 2 이상의 표를 받아야 당선될 수 있었는데, 지지자가 백중했다. 무려 일곱 차례나 투표를 했지만 표의 변동이 없었다. 이는 아마도 교단 역사상 가장 난산이었을 것이다.

생각다 못해 증경 총회장단에게 조정을 의뢰했다. 교단 원로들에게 조정을 신청했던 것이다. 교단의 원로들은 두 분 가운데 한 분이 양보하기를 바랐지만 그렇게 되지 않았다. 그도 그럴 것이 개인의 대결이 아니라 지지하는 진영이 양쪽에 버티고 있었기 때문에 쉽게 개인적인 결단을 하기가 어려운 상황이었다

다시 숙의에 들어갔다. 결국은 두 분 모두 사퇴시키고 제3의 인물을 후보로 추대하는 것이 좋겠다는 의견이 나왔다. 그때 서울의 한명우 목사님과 함께 내 이름이 거론되었다.

원로 목사님들이 나와 한 목사님을 불렀다. 나는 총회에 들어가 일해 본다는 생각을 하지 않고 있었으므로 당연히 사양했다. 그런데 그 자리에서 한 목사님이 자신은 총회장 후보로 팽팽하게 맞서고 있는 광주의 김 목사님과 친분이

두텁고 신앙의 노선도 같기 때문에 자신이 총회장이 되면 한쪽에서 동조하지 않을 것이고, 그러면 갈등을 해소하기가 어려울 것이라고 하면서 자신은 적임자가 아니라고 극구 사의를 표하고 나서는 것이었다. 나도 14회 총회시에 NCC 탈퇴안을 냈기 때문에 진보적인 입장에서 볼 때는 좋아하지 않을 수 있었다. 그러나 투표 결과 단 1회에 3분의 2 이상의 지지를 받아 총회장으로 당선이 되었다. 총회장 선거를 위하여 5월 4일 오전 9시 30분에 개회된 총회가 공전을 거듭하다가, 사흘 후인 5월 6일 오전 9시 25분에 총회장이 결정됨으로 총회 회무가 3일 만에 정상 운영되었다.

비록 원해서 된 것이 아니지만, 일단 총회장이 된 이상 대충대충 소홀히 할 수는 없었다. 나는 성격상 얼렁뚱땅 대충 일하지는 않는다. 하면 확실히 하고, 그렇지 않은 것은 아예 눈짓도 보내지 않는다.

총회를 책임지면서 첫째는 교단을 단합하도록 힘썼다. 그래서 교단 최초로 증경 총회장들로 총회장 자문기구를 만들어 총회장을 자문하도록 하였다. 교단 지도자들이 단합하면 교단이 분열되지 않는다는 확신 때문이었다. 둘째는 재정이 자립하도록 했다. 그래서 열심히 전국 방방곡곡을 뛰어 다녔다. 결국 많은 목사님들과 장로님들의 협조로 교단이 변화하기 시작했다.

총회장이 된 후, 총회 업무 파악을 해 보니 할 일이 태산같이 많았다. 너무 무거운 난제들이 줄을 지어 기다리고 있었다.

해방 전(1943년) 일제에 의하여 철수했던 OMS 선교사가 1947년 다시 와서 당시의 어려운 재정을 위하여 총회본부와 지 교회들을 지원해 왔는데, 그 지원은 60년대에 이미 끊어졌다. 그 후 총회운영은 오로지 지교회가 상납하는 총회비로만 운영되었기 때문에 총회본부에는 총무·간사와 보조 사무원 등 3명뿐이었지만 적은 월급조차도 몇 달씩 월급이 밀리는 것은 다반사였다.

그때만 해도 전국적으로 자립하는 교회는 612교회 중 100교회 정도였고 전체 교회의 연간 재정수입은 6억 정도였다. 전체 신자는 장·유년 모두 15만 명, 게다가 교단이 분열되었다가 일차 합동했으나 후유증이 가시지 않아 총회의 구심력은 형성되지 못했고 통제력은 미약했다.

그래서인지는 몰라도 자발적으로 총회비를 내는 교회들이 별로 없었다. 월급을 제때에 지급받지 못하는 직원들을 볼 때면 마음이 아프고 미안했다. 그런 상황이라서 총회장이라고 교통비니 판공비니 하는 것이 지급될 까닭이 없었다. 오히려 내가 시무하는 중동교회에서 교통비와 활동비를 받아서 총회장 업무를 처리할 정도였다. 교회는 1년 동안 나에게 시간의 자유를 허락하고 한 달에 20만원의 활동비를 지급해 주었다.

그 활동비를 가지고 나는 전국의 교회를 돌아다니며 총회 재정자립을 위해 협조를 호소하였다. 당시 직원들의 밀린 봉급과 교단이 분열하고 통합하는 과정에서 생긴 채무를 해결하고 무언가 교단으로서의 역할을 하려면 재정을 확보하는 것이 급선무였으므로, 나는 각 지방회장이나 감찰장만이 아니라 심지어 지교회를 찾아다니며 교단의 실정을 설명하고, 교단을 중심으로 화합해야 한다고 호소했다. 교단에 힘을 실어 달라고 호소해서 회비를 수납했다.

총회장의 활동을 주시하던 전국교회는 역사 이래 총회장이 총회운영을 위해 열심히 일하는 것을 보고 감동을 받고 협력하기 시작했다. 결국 직원의 월급도 해결되고 채무도 점차 축소되었다.

당시는 교통 형편이 좋지가 않았다. 그래서 지방으로 출장을 가면 다시 교회로 돌아오기가 여간 쉽지 않았다. 그러나 나는 천재지변이 없는 한 중동교회를 비우지 않으려고 노력했다. 처음 목회를 시작할 때부터 마음속에 다짐했던 바가 있었다. 그것은 무슨 일이 있어도 교회를 떠나지 않는다는 것이었다. 그래서 밤늦게, 아니면 새벽에라도 돌아와서 새벽기도회를 인도하곤 했다. 아무리 교회가 총회장인 나에게 시간의 자유를 허락했지만, 총회장이라는 이유로 내가 섬기는 교회를 소홀히 할 수는 없었다.

중동교회가 없으면 총회도 없다. 내가 총회장이 된 것은 중동교회의 목사이기 때문이다. 나는 그 사실을 한 순간이나마 잊은 적이 없었다.

▲ 월드미션대학교에서 명예신학박사 학위를 받고

29. 이 겨울을 따뜻하게 하소서

내가 총회장으로 있던 1971년에 다른 교단, 즉 예장 합동측의 총회장은 정규선 목사이고, 예수교 대한 성결교회 총회장은 장기원 목사이고, 기독교 침례회의 총회장은 유영근 목사였는데, 이들은 공교롭게도 나와 서울신학교 동기였다. 그런 연유로 교단이 연합해서 하는 행사에 협조가 잘 되었다. 통합측 총회장으로 방지일 목사님이었다. 교단장들을 총회 사무실로 초청하여 구국기도회를 열자고 제안을 했다.

그때 북한의 남침 위협이 고조되면서 사회적으로 불안이 조성되고 있었다. 북한의 김일성이 남한에 내려와 회갑잔치를 한다고 했다는 소문이 나돌았다. 어디까지가 사실인지 모르겠으나 외신도 이 소식을 전하면서 긴장이 고조되었다.

구체적인 남침의 시나리오도 유포되었는데, 겨울에 임진강과 한탄강이 얼기만 하면 언 강을 이용해 병력을 이동한다는 것이다.

다른 사람은 모르겠지만, 나는 전쟁의 공포를 직접 체험한 사람이었다. 공산치하에서 살았고, 그들과 싸운 사람이었다. 그들에게 어머니를 비롯하여 친척들 23명을 잃은 사람이었다. 북한 공산주의자들이 다시 밀고 내려올지 모른다는 소식에 긴장하지 않을 도리가 없었다. 내가 느끼는 불안과 긴장의 강도는 일반 국민들이 느끼는 것보다 훨씬 컸다. 마태복음 24장 20절의 말씀이 떠올랐다.

"너희는 도망가는 일이 겨울이나 안식일이 되지 않도록 기도하라"(마 24:20).

내가 할 수 있는 일은 기도하는 일이었다. 그런 일이 일어나지 않도록 기도하라는 것, 그것은 예수님의 가르침이었다. 6·25전쟁이 안식일에 발발하였고, 1·4후퇴가 추운 겨울에 일어났다. 이헌용 목사님은 자녀들을 업고 어린아이의 손을 붙잡고 살을 도려내는 혹독한 금강 바람을 맞으며 눈물로 1·4후퇴를 경험했다. 그때 성경 말씀이 마음에 부딪쳐 눈물을 흘리면서 회개 기도를 했다고 한다. 그러면서 나에게 기도하라고 권면한 바 있었다.

　기도를 하는 것, 그것이 나라를 구하는 길이었다. 내가 가지고 있는 유일하고 가장 강력한 무기가 기도였다. 나는 구국기도를 선포했다. 무려 5천 통에 이르는 호소문을 전국 교회에 보냈다. 그리고 각 교단장을 비롯하여 약 100명 가량의 목회자들과 함께 나는 1월 5일 서울 임마누엘 수도원에 들어가 7일까지 금식하며 기도했다.

　'이 겨울을 따뜻하게 하소서!'

　그것이 기도의 표어였다. 오죽했으면 그런 기도를 했을까? 나라의 운명이 기도에 달려 있다는 다급한 마음이 없으면 이런 기도를 드릴 수가 없었을 것이다.

　그 해 겨울은 따뜻했다. 60년 만에 임진강과 한탄강이 얼지 않았다는 보도가 나왔다. 하나님이 우리의 기도를 들어주셔서 북한 공산당으로 하여금 이 땅을 넘보지 못하게 해주신 것이 분명하다.

　구국기도회의 역사는 내 목회 초창기에서부터 시작되었다. 공산 치하에서 남쪽으로 피난해 온 사람들 가운데 많은 이가 신앙의 자유를 위해 남하한 사람들이었다. 그들은 짧은 공산 치하의 경험을 통해, 그들의 선전과는 별도로, 기독교가 공산주의와 병행할 수 없다는 사실을 깨닫고 믿음을 지키기 위해 피난길에 올랐다.

고향과 삶의 터전을 버리고 떠난 실향민들의 생활의 궁핍이야 굳이 말할 필요가 없을 것이다. 그러나 남쪽의 형편도 풍족하지가 않아서 북쪽에서 온 사람들을 따뜻하게 맞이하기가 쉽지 않았다. 노골적으로 귀찮은 존재로 여기는 사람들도 있었다.

그러나 그들에게 무슨 죄가 있겠는가? 나도 한때 실향민이었다. 나도 어쩔 수 없이 고향을 떠나 이곳저곳을 떠돌아다녀야 했던 시절이 있었다. 이 모든 일이 개인의 잘못이 아니고 나라가 제 틀을 갖지 못하고 힘이 없어서 생긴 일이었다. 우리가 세워야 할 것은 나라의 틀이고 우리가 키워야 할 것은 나라의 힘이었다.

'어떻게 나라의 틀을 세우고, 나라의 힘을 키워야 하나?'

기도밖에는 다른 방법이 없다고 생각되었다. 역사의 주관자이신 하나님께 간구하는 일보다 더 중요한 일은 없다. 그래서 군산시교회연합회에서는 구국기도회를 시작했다. 군산지역 구국기도회는 매월 첫 주 주일 오후 3시에 정기적으로 모였다. 그 기도회는 내가 은퇴하는 순간까지 38년 동안 계속되었다.

휴전 후 50년. 아슬아슬하지만 한반도에 평화 상태가 유지되고 있다. 전쟁을 쉬고 있는 상태라는 휴전의 개념에 비추어 보면 이 또한 유례없는 기적이라고 할 만하다.

이렇듯 기적적으로 평화 상태가 유지될 수 있는 원동력이 무엇일까?

나는 기도원·산·교회당에서 엎드려 땀과 눈물을 쏟으며 이 나라와 이 민족을 위해 철야와 금식, 구국기도 하는 숨은 기도의 용사들 덕택이라고 생각한다.

▼ 1972년도에 임마누엘 수도원에서 가진 전국 교직자 구국기도회

30. 의정사 발간

1989년 5월, 나는 고희를 맞게 되었다. 자녀들이 모여 내 고희잔치를 열겠다고 의논들을 하였다. 그런데 나는 고희 잔치를 차리고 싶은 마음이 전혀 없었다.
"너희들의 뜻은 고맙지만 그만두도록 해라. 해야 할 일들이 산적해 있는 마당에 무슨 고희잔치야?"
"그래도…."
우리 자녀들은 내 말이 섭섭하게 여겨지는 모양이었다.
"잔치에 쓰려고 생각한 경비가 모두 얼마 정도나 되냐? 내가 정말 요긴하게 쓸 테니 모은 돈을 가져와 봐."
가져온 돈을 보니 그 액수가 300만원이었다.
나는 그 돈 300만원을 증경총회장 모임에 내놓으면서 교단의 의정사를 만들자고 제안했다.

"역대 총회의 중요한 결의사항들을 한 권 책에 묶어내면, 많은 분량의 총회록을 뒤지지 않아도 쉽게 파악할 수 있으면 얼마나 편리하겠습니까."

증경총회장 모임에서는 대단히 좋은 제안이라면서 출간위원을 선정했다. 나를 비롯해 박명원 목사님과 오랫동안 총회본부에서 수고하였고, 지금도 교단을 위하여 일하고 있는 임용희 장로님을 간사로 선임하였다.

그때부터 자료의 수집과 편찬작업이 시작되었다. 그러나 너무 방대한 작업이기에 세 사람이 모여도 엄두가 나지 않았다. 뿐만 아니라 300만원으로는 도저히 발간할 수 없었다.

"돈은 내가 얼마가 들든지 담당할 터이니 박 목사님과 임 장로님은 자료 수집에 힘써 주세요."

박 목사와 임 장로는 자주 모여 편찬에 착수했다. 1907년부터 이 역사 자료를 수집하려니 너무 없는 것이 많아 도저히 연결이 안 되었다. 생각다 못해 우선 해방 후 교단 재건으로부터 현재까지의 자료(총회록)는 있으니까 해방 후의 자료에서 의정사 수록 자료를 뽑아내기로 했다.

제1회(1945년) 때부터의 총회사진, 각 총회 활요(일시, 장소, 대의원, 개회설교, 개회선언문, 임원, 부서 중요보고사항, 결의사항, 정부총회장이력서, 서울신학대학교, 총회유지재

단, 역대 목사안수자 명단, 역대 총무 이력서, 교세통계표 등)을 수록하기로 했다.

자금 문제 및 일의 방대함 때문에 세월이 흐르다 보니 금세 2년이 지났다. 위원으로 수고하시던 박명원 목사님이 1991년 4월 6일 아쉽게도 소천하셨다.

"박 목사님은 가셨지만 이 일은 꼭 해야 할 일이니 임 장로님이 계속 수고해 주세요."

그후 3년 만에 임 장로님은 1994년 4월 18일, 834페이지에 달하는 방대한 의정사를 편찬·발간했다. 임 장로님은 교단 사정을 속속들이 알고 있으므로 의정발간사는 임 장로님의 작품이라고 해도 과언이 아니다. 실제로 임 장로님은 사진 한 장을 얻기 위해 3년을 추적할 만큼 애를 썼다.

의정사 발간에 따른 출판 비용이 2,500만원이 들었다. 출판된 책은 전국교회에 기증하여 자료로 삼게 하였다. 그 출판비를 무리 없이 감당할 수 있게 해주신 하나님께 감사드릴 뿐이다.

31. 나의 소망

<u>1</u>918년생이니까 올해로 내 나이 여든일곱 살이 되었다. 임마누엘 하나님의 은혜로 여기까지 이르렀다. 나름대로 오직 한 길, 복음을 전하는 일에 최선을 다하며 열심히 살았다고 생각한다. 평생 동안 한 교회를 섬겼고, 하나님의 뜻대로 살기 위해 힘써왔다.

은퇴한 후에도 교도소선교와 외항선교와 장애우선교와 노인선교와 직장선교 등으로 바쁘게 지냈다. 지금도 기회만 주어지면 하나님을 전하고 약하고 소외된 이웃들을 돌보는 일을 하려고 한다. 미련은 없다.

나는 주의 종이 된 이후 삼무(三無) 생활철학을 지키며 살아왔다. 그것은 무통장(은행저축통장)·무패물(금·은·반지 등), 무토지 및 무주택의 원칙이다. 내일 일을 염려 말라는 주님 말씀에 철저히 따르려고 노력하며 살았다.

토지는 자수성가하여 모은 것 모두 처분하여 교회건축에 헌금했고, 많은 행사에서 금반지·금열쇠 등을 선물받았으나 모두 처분하여 헌금하고, 집안에는 아내의 금붙이·은붙이 하나 지닌 것이 없다.

▲ 원로목사 추대 기념예배

나는 돈이 호주머니에 들어오면 금방 써 버려야 한다. 그걸 가지고 있으면 욕심이 생긴다. 그 순간 가장 필요로 하는 사람이 있으면 그에게 주어야 한다. 그것이 돈에 대한 나의 철학이다.

그런 철학을 가지고 살아서 그런지 돈이 들어오면 꼭 쓸 데가 생겼고 쓸 데가 있으면 또 돈이 생겼다. 우리는 먼저 그의 나라와 그의 의를 구해야 한다. 그러면 우리가 쓸 것을 미리 아시는 주님께서 필요한 것을 채워 주신다.

"너희는 먼저 그의 나라와 의를 구하라 그리하면 이 모든 것을 너희에게 더하시리라"(마 6:33).

"나의 하나님이 그리스도 예수 안에서 영광 가운데 그 풍성한 대로 너희 모든 쓸 것을 채우시리라"(빌 4:19).

돈이나 물질에 연연하는 한 하나님의 충실한 종이 되기는 어렵다. 물질 때문에 불미스러운 일이 생겨 교역자들의 이미지가 손상되는 일이 많은데, 이는 물질 문제에 대한 믿음을 가지고 있지 않기 때문이다. 우리가 사랑해야 할 대상은 돈이 아니라 사람이고, 사람이 아니라 하나님이다. 그런 생각을 하면 돈에 대한 욕심 때문에 이웃과 다툴 일이 없고, 하나님을 욕되게 할 일도 없다.

퇴직금으로 받은 돈 가운데 5천만원을 군산 기독교선교센터 건립에 내놓았다. 3천만원은 고향인 정읍의 두암교회 순교자 23인을 기리는 데 사용하도록 헌금하였다. 교회에서 내가 살고 있는 집을 제공해 주고 있는데 더 무슨 욕심을 내겠는가.

하나님이 부르시면 언제든지 "네." 하고 가면 되는 것을! 이 세상의 그 무엇에 집착하고 그 무엇에 연연해하겠는가!

나와 함께 교회를 개척했던 여섯 명 가운데 하나님의 부르심을 받지 않은 사람은 나밖에 없다. 중동교회에서 나보다 나이 많은 사람도 없다. 언제든 이 세상과 작별할 준비가 되어 있다. 시신기증도 오래 전부터 약속해 두었고, 내가 죽어서 묻힐 묘지도 마련해 두었다.

그러나 여든일곱의 나이를 잊고 나는 아직도 일한다. 내 주변에 있는 사람들은 내가 은퇴한 후에 더 많은 일을 한다고 말한다. 그러나 더 많이 할 수도 없다. 다만 교회를 지킬 때보다 사회적으로 약하고 소외된 사람들을 향한 선교 활동을 상대적으로 더 많이 한 것은 사실이다. 주님이 부르시는 마지막 순간까지 나는 내게 주어진 일들을 최선을 다하며 살 것이다. 주님 앞에 갔을 때 최소한 '악하고 게으른

종'이라는 꾸지람은 듣지 않아야겠기에….

하나님께서 내 이름을 부르는 마지막 순간까지는, 잠시도 쉴 수 없다. 아직 그리스도의 복음을 필요로 하는 이들이 많고, 그런 사람들이 있는 한 내가 할 일도 아직 남아 있기 때문이다.

오직 한 길만 바라보고 달려왔다. 이 길 위에서 마지막 순간까지 달리다가 고요히 하나님의 부르심을 받겠다. 그것이 나의 소망이다.

"내가 선한 싸움을 싸우고 나의 달려갈 길을 마치고 믿음을 지켰으니 이제 후로는 나를 위하여 의의 면류관이 예비되었으므로 주 곧 의로우신 재판장이 그 날에 내게 주실 것이니 내게만 아니라 주의 나타나심을 사모하는 모든 자에게니라"(딤후 4:7~8).

축하와 감사의 글

느헤미야 같은 목사님

임용희 장로
(증경부총회장, 은평교회 원로장로)

목사님은 6·25로 인하여 가족 22명을 잃는 아픔을 당하셨습니다. 예루살렘 성벽을 중수하기 위해 눈물로 기도하던 느헤미야와 같은 기도의 사람입니다. 일을 보면 쉬지 않고 밤을 세워가며 일을 하시는 열정적인 분입니다. 목사님은 느헤미야처럼 불굴의 신념을 가진 지도자요 애국자입니다. 아무리 어려운 일이 있어도 결심하면 낙심하거나 포기하지 않습니다. 심지가 견고한 느헤미야 같은 분입니다. 오랫동안 함께 일한 저로서 존경하지 않을 수 없습니다.

목사님은 26회(1971) 총회에서 총회장으로 당선된 후 지금까지 교단을 위해 헌신하셨습니다.

26회 총회는 7번이나 투표를 할 만큼 어려움이 있었습니다. 당시 보수와 진보의 갈등으로 매우 어려운 상황이었습니다. 증경 총회장들의 중재로 총회장으로 피선이 되었습니다. 그것도 단번에 3분의 2를 득표하여 당선이 되었습니다. 그것은 하나님께서 김용은 목사님을 총회장으로 예비하시고 뽑으신 것입니다.

총회장이 되시자 제일 먼저 증경총회장을 총회장 자문위원으로 모셨습니다. 교단 지도자들이 협력하면 교단은 분열되지 않기 때문이었습니다. 그 결과 교단은 정치적으로 안정이 되었습니다. 둘째, 교단의 재정자립을 위해 전국 교회를 순회하며 지교회들로 하여금 총회를 위해 협력을 받아 재정을 안정시키셨습니다. 교단합동에도 힘쓰셨습니다. 예성과 기성이 분열하기 2년 전, NCC 탈퇴안을 14회기에 목사님의 이름으로 내셨습니다. 그러나 탈퇴안이 보류되자 몇몇 분들이 교단을 분리해서 예성교단을 세우게 되었습니다. 목사님은 당연히 예성으로 가야 했지만 가지 않았습니다. 기성이 복음주의적 교단이며 자유주의 교단이 될 수 없다는 사실과, 성결교 뿌리인 OMS가 NCC 가입을 원치 않고, 많은 지도자들도 원치 않았기 때문이었습니다. 또 무슨 일이 있어도 교단이 분열해서는 안 된다는 생각 때문이었습니다. 그리고 예성과의 합동을 위해 힘쓰셨습니다. 목사님이 합동을 위해 힘쓰시는 것을 본 김종호 장로님과 박희순 장로님이 재정 뒷받침을 하여 2차 합동(1973년)이 이루어지도록 하셨습니다.

목사님은 모든 일에 앞서가는 생각을 가지고 일하십니다. 총회장자문기구와 년중행사표가 목사님의 재임 중에 만들어져서 30년이 넘는 오늘날까지 지속되고 있습니다. 목사님은 모든 일을 희생적으로 하십니다. 은퇴 후 받은 은퇴비를 순교기념교회와 군산기독교센터를 짓는 데 헌금을 했습니다. 의정사 발간은 교단이 해야 할 일이나 하지 못하고 있을 때입니다. 목사님은 이 사실을 아시고 처음에는 300만원이면 될 수 있다고 생각하고 시작했으나 일이 확대되어 2천 5백만원을 지출하게 되었습니다. 목사님께서 전액 부담하여 발간하였습니다. 그리고 전국교회에 기증을 하였습니다.

목사님은 수도자의 삶을 살고 계십니다. 특히 3무 정신입니다. 무주택·무통장·무토지입니다. 그리고 무패물입니다. 수도자의 정신인 청빈·순결·순명의 길을 오늘도 빛을 따라 한 걸음 한 걸음 걸어가고 계십니다.

홍순영 목사
(전육군 군종감, 신덕교회 목사)

아버님께서 직장생활을 하는 중 얻은 병으로 고향을 떠나 군산으로 왔습니다. 가정형편상 애육원에서 자라게 되었습니다. 이 곳에서 두 분을 만났습니다. 한 분은 정중홍 권사님입니다. 후에 저의 양어머님이 되셨습니다. 다른 한 분은 김용은 목사님이십니다. 저에게 세례를 주시고(1965년) 신학대학까지 인도해 주셨습니다. 제가 군종감이 되었을 때 가장 기뻐하시고 좋아하신 분입니다. 지금까지 늘 곁에서 사랑해 주시고 격려해 주시는 목사님의 사랑을 잊을 수 없습니다. 그래서 5월이면 목사님을 교회로 초청하여 은혜의 말씀을 즐겨 듣습니다.

오래 된 이야기입니다. 3살 된 동생이 집에서 놀다가 벽에 박아 놓은 못에 눈이 찔렸습니다. 아버지는 너무 당황한 나머지, 어린것을 업고 20분 동안이나 걸어서 목사님을 찾아갔습니다. 목사님은 안과를 안내해 주시고 치료비까지 지불하셨습니다. 그때 한쪽 눈을 실명했지만 다른 한쪽 눈은 회복되었습니다. 동생은 후에 영남대학교에서 교육학박사 학위를 받고 교직생활을 잘하고 있습니다. 이 사실을 10년 전 희수(77세) 때 말씀드린 일이 있습니다. 목사님의 사랑을 잊을 수가 없습니다.

목사님을 생각하면 모든 일에 열정적이고 희생정신이 강하십니다. 이것이 나의 목회생활에도 영향을 받고 있습니다. 또 기도에 힘써 오늘의 중동교회를 세우셨습니다.

목사님은 정읍에서 애육원을 설립한 경험이 있어서 애육원에 대한 관심이 많이 있습니다. 운영자로서 어려움도 알고 계시고, 아이들의 고통도 직접 들어서 알고 계십니다. 원아들은 대부분 부모가 없이 들어온 아이들입니다. 형편상 부모와 떨어져 살아야 하는 아이들도 있었습니다. 정중홍 권사님은 아이들을 대할 때 친어머니의 마음으로 대하셨습니다. 각 재능을 따라 아이들을 가르치셨습니다. 교회일도 하나님의 뜻을 따라 목사님을 잘 섬겼습니다. 오늘의 중동교회를 세운 밀알입니다. 두 분은 제 인생에 잊을 수 없는 분입니다.

세상에 제일 좋은 사람은 처음도 좋고 나중도 좋은 사람입니다.

처음은 좋았는데 마지막이 좋지 않은 사람도 있고, 처음도 마지막도 안 좋은 사람도 있습니다. 그러나 처음은 좋지 못해도 마지막이 좋은 사람이 있습니다. 마지막이 더 좋은 삶을 살다가 주님 나라에 가고 싶습니다.

인생은 기차를 타고 가는 승객에 비유할 수 있습니다. 기차를 타고 가다가 차장이 명하는 곳에서 내려야 합니다. 더 가고 싶어도 차장이 내리라고 하면 내려야 합니다. 아무리 가진 것이 많아도 가지고는 내릴 수 없습니다. 명예도 돈도 지식도 다 놓고 내려야 합니다.

내리는 사람에 대한 승객들의 반응은 각각 다릅니다.

어떤 사람의 경우에는 좋아하고, 어떤 사람의 경우에는 섭섭해하기도 합니다.

"저분 때문에 예수님을…."

"저분이 배고플 때 먹을 것을…."

"저분이 내 눈물을 씻어 주었는데…."

좋은 사람은 그 사람이 떠날 때 그 자리가 더 아름답습니다. 한때 좋은 사람으로 끝나기보다 마지막이 더 좋은 사람으로 남고 싶습니다.

예수님을 더 많이 생각하고 사랑하다가 가고 싶습니다. 이제 후로는 여호와의 집에 영원히 거하게 될 것입니다.

감사와 영광을

중동교회에서 드린 처음예배는 적산가옥 2층에서 10여 명이 드린 예배였습니다. 모든 창문은 몇 장의 유리만 붙어 있었고, 대부분 함석으로 덮은 곳이었으며, 마룻바닥은 삐걱거리고, 바깥바람은 안에까지 스며들어왔습니다. 3월 중순의 기후로는 약간 쌀쌀한 편이었고, 새롭게 시작하는 교회라 의욕과 꿈을 가지고 입주예배를 드렸습니다. 그리고 6월 3일에 개척예배를 드린 후부터 교회는 날마다 부흥하는 사도행전의 교회였습니다.

적산가옥 1층은 여러 가구의 실향민이 살고 있었고, 그 옆에 우리 가족이 살고 있었습니다. 당시에는 부흥회가 시작되면 여러 교회가 참여하여 은혜를 받았고 새로 믿는 사람들도 날마다 더하였습니다. 중동교회는 기도에 힘쓴 교회입니다. 한밤중에 어린 아이를 업고 수북이 쌓인 눈길을 헤치고 걸어와 문을 두드리면 열어주던 생각이 납니다. 불도 없는 추운 바닥에서 아이를 업고 가정문제를 가지고 밤을 새우며 간절히 기도하던 교회를 생각합니다. 바닥에는 눈물과 콧물이 괴어 있는 것을 보았습니다.

교회가 부흥하자 1차 교회당 60평을 짓게 되는데, 성도들은 깨진 유리병, 쇠붙이 등을 교회마당에 쌓아 놓은 후 팔아서 교회를 지었고, 2차 교회당 110평을 지을 때는 벽돌을 찍으며 높은 지붕에 올라 못을 박던 기억이 생생합니다. 3차 성전은 약 1,000평을 짓는데 성도들의 기도소리가 끊이지 않았습니다. 여러 번 금식기도·철야기도·특별 새벽기도를 하며 성도들과 협의를 거듭거듭하면서 어렵게 지금의 성전을 지었습니다. 아버님의 꿈은 은퇴를 앞두고 교회성장이 퇴보나 중단되지 않고 계속 부흥하는 교회였습니다. 그렇게 되기 위해서 아버님은 하나님께 많이 엎드렸습니다. 은퇴하실 때 중동교회가 가장 부흥한 때가 아닌가 생각이 됩니다. 하나님의 은혜로 꿈을 이루시고 은퇴를 하셨습니다.

중동교회 부흥은 하나님의 은혜였고, 성도님들의 끊임없는 기도와 헌신과 열심 있는 봉사의 열매였습니다. 이 자리를 빌려 53년 동안 우리 가정에 베풀어 주신 성도님들의 사랑을 감사드리고 싶습니다. 유교적 정신문화의 영향을 받아 권위적 요소가 있어서 성도들의 마음이 힘든 때도 있었을 것입니다. 그럼에도 불구하고 하나님의 교회를 순수하게 섬기신 장로님들과 성도님들이 오늘의 중동교회를 세웠다고 봅니다.

　이 책이 나오기까지 중동교회 이덕한 목사님, 여러 장로님들, 영신동문회원들의 협조에 감사를 드립니다. 글을 써 주시고 교정을 해주신 이승우 교수님, 이종무 목사님께 감사를 드립니다. 옥고(玉稿)를 보내주신 서울신대 김희성 박사님과 박명수 박사님, 그리고 최순길 목사님의 글은 양이 많아 책에 포함시키지 못했습니다. 양해를 구합니다. 홍순영 목사님과 임용희 장로님께서 사랑의 글을 보내 주셔서 감사드립니다. 임용희 장로님께서 보내 주신 자료도 잘 사용하였습니다. 그리고 책을 편하게 읽도록 기도하며 편집을 수고해 주신 나됨출판사 김이리 집사님께 감사를 드립니다. 특별히 아버님께 추천의 글을 써 주신 임동선 목사님께 중심으로 감사를 드립니다.

　이 책이 나오기까지 많은 시간이 흘렀습니다. '어떻게 하면 아버님이 말씀하시는 하나님의 은혜를 그대로 표현할 수 있을까?' 하나님의 영광을 온전히 전하고 싶었습니다. 아버님이 스스로 말씀하기 어려운 역사를 표현할 때 더욱 시간이 많이 필요하였습니다. 아버님의 삶(spirit)을 흘러가는 시냇물처럼 그대로 표현하려고 했습니다. 그래도 부족한 표현이 있다면 그것은 저희들의 미숙함이오니 해량하여 주시기 바랍니다.

'우리의 걸음걸음에 빛이 있었다'를 읽어주신 모든 분들께 감사를 드립니다. 이 책을 통하여 하나님의 은혜를 느끼셨다면 그것은 전적으로 하나님이 받으셔야 할 하나님의 몫입니다. 모든 영광은 하나님의 것입니다.

soli deo gloria.

김영곤, 김헌곤